곁에 두고 보는 고사(사자)성어

곁에 두고 보는 고사(사자)성어

1판 1쇄 발행 2018년 11월 26일
2판 1쇄 발행 2022년 9월 15일

편저자 이창성
펴낸이 이환호
펴낸곳 나무의꿈

등록번호 제 10-1812호
주 소 서울시 마포구 잔다리로 77 대창빌딩 402호
전 화 02)332-4037 **팩 스** 02)332-4031

ISBN 978-89-91168-98-5 (03700)

곁에 두고 보는

고사(사자)성어

故事(四字)成語

이창성 편저

나무의 꿈

머리말

 우리말의 70%가 한자어라고 한다. 이 말은 곧 한자를 모르면 우리말의 어휘를 정확하게 구사할 수 없다는 얘기다.

따라서 우리의 생활환경 속에는 한자어로 표기된 문서나 출판물들이 생각보다 많고, 글을 이해하고 의사를 표현하는 데에는 한자 없이 그 뜻이 분명치 않은 것은 어쩔 수 없는 사실이다.

또한 우리 조상들은 수천 년 전부터 한자를 우리가 쓰는 문자로 받아들여 유구한 역사와 문화를 가꾸고 꽃피워 왔을 뿐만 아니라 가까운 일본에 한자를 전하는 문화의 선진국으로 발돋움해 왔으며, 현재 우리 민족의 문화유산도 거의가 한자로 기록되어 있음도 이미 알고 있는 사실이다.

한때 한글 전용이라 해서 초·중·고등학교 교육 과정에서 한자 교육이 제외된 때도 있었지만, 한자 문화권 국가인 한국, 중국, 대만, 일본 등 다수의 아시아 국가들이 국제적으로 중요한 위치를 차지하는 오늘날에는 더욱 한자의 중요성을 인식하지 않을 수 없게 되었다. 따라서 우리나라에서도 국가가 공인하는 한자능력검정시험 제도를 실시하고, 이 시험을 통과한 자격 취득자는 취업이나 사회 진출에 적극적으로 반영하고 있다.

한자성어(漢字成語 : 故事成語·四字成語 등 한자로 이루어진 어구)는 예전부터 전해 내려오는 내력 있는 사건이나 일, 그것을 나타내어 세상에서 자주 인용되어 온 말들을 통틀어 일컫는다.

한마디로 고사에서 연유했다고 하지만, 여기에는 신화, 전설, 역사, 고전, 문학 작품 등에서 나온 말이 포함된다. 이러한 말들은 교훈, 경구, 비유, 상징어 등으로 쓰이고, 또 관용구나 속담으로 쓰여서 나타내고자 하는 뜻을 풍부하게 꾸며준다.

한국, 중국에서 발생한 고사성어는 '어부지리'처럼 4자 성어가 대부분이지만, 단순한 단어로서 예사롭게 쓰는 '완벽'이나 도둑을 뜻하는 '녹림' 등도 고사성어에 속한다. 또 흔히 쓰는 '등용문' '미망인'과 같은 3자 성어도 있으며, 아예 8자, 9자로 된 긴 성구도 있다.

한자성어의 짧은 어구(語句) 속에는 선인들의 지혜가 꿈틀거리고, 우리가 살아가면서 배워야 할 과학과 삶의 의미가 담겨있다고 할 수 있다.

한자성어는 선인들이 우리에게 물려준 정신적인 문화유산이자, 생활의 지혜다. 극적인 역사의 소용돌이와 삶의 철학이 숨어 있는 것이다.

모쪼록 이 한 권의 책이 각종 시험에 보탬이 되고, 인격도야에도 한 몫이 되는 마음의 양식이 되기를 바란다.

한자를 효율적으로 공부하는 데 가장 효과적인 방법은 무엇보다도 되풀이해서 많이 써보고 익히는 것이다. 읽기와 쓰기를 함께 익혀서 일석이조(一石二鳥)의 효과를 거두기를…. 또 한자성어를 이루는 고사(故事)의 이야기들은 논술 공부에도 많은 도움을 줄 것으로 믿는다.

| 차례 |

당랑거철(螳螂拒轍) 대기만성(大器晚成) 대의멸친(大義滅親)

도외시(度外視) 도청도설(道聽塗說) 동병상련(同病相憐)

동호지필(董狐之筆) 득롱망촉(得隴望蜀) 등용문(登龍門)

마부작침(磨斧作針) 마이동풍(馬耳東風) 만가(輓歌) 만사휴의(萬事休矣)

망국지음(亡國之音) 망양지탄(望洋之歎) 맥수지탄(麥秀之歎)

맹모단기(孟母斷機) 맹모삼천(孟母三遷) 명경지수(明鏡止水) 모순(矛盾)

문경지교(刎頸之交) 문전성시(門前成市) 문전작라(門前雀羅) 미봉(彌縫)

반근착절(盤根錯節) 반식재상(伴食宰相) 방약무인(傍若無人)

배수지진(背水之陣) 배중사영(杯中蛇影) 백년하청(百年河淸)

백면서생(白面書生) 백문불여일견(百聞不如一見)

백미(白眉) 백발삼천장(白髮三千丈) 백안시(白眼視)

백전백승(百戰百勝) 복수불반분(覆水不返盆) 부마(駙馬)

분서갱유(焚書坑儒) 불구대천지수(不俱戴天之讎)

불입호혈부득호자(不入虎穴不得虎子) 불혹(不惑)

사면초가(四面楚歌) 사이비(似而非) 사족(蛇足)

살신성인(殺身成仁) 삼고초려(三顧草廬)

삼십육계주위상계(三十六計走爲上計) 삼인성호(三人成虎)

새옹지마(塞翁之馬) 서시빈목(西施矉目) 선시어외(先始於隗)

선즉제인(先則制人) 소년이로학난성(少年易老學難成)

수서양단(首鼠兩端) 수석침류(漱石枕流) 수적천석(水滴穿石)

수청무대어(水淸無大魚) 순망치한(脣亡齒寒)

안서(雁書) 안중지정(眼中之釘) 암중모색(暗中摸索)

양금택목(良禽擇木) 양두구육(羊頭狗肉) 양상군자(梁上君子)

양약고구(良藥苦口) 어부지리(漁父之利) 연목구어(緣木求魚)

오리무중(五里霧中) 오십보백보(五十步百步) 오월동주(吳越同舟)

오합지중(烏合之衆) 온고지신(溫故知新) 와각지쟁(蝸角之爭)

와신상담(臥薪嘗膽) 완벽(完璧) 요령부득(要領不得)

우공이산(愚公移山) 원교근공(遠交近攻) 원수불구근화(遠水不救近火)

원입골수(怨入骨髓) 월단평(月旦評) 월하빙인(月下氷人)

읍참마속(泣斬馬謖) 이목지신(移木之信) 이심전심(以心傳心)

일거양득(一擧兩得) 일망타진(一網打盡) 일자천금(一字千金)

자포자기(自暴自棄) 전전긍긍(戰戰兢兢) 전차복철(前車覆轍)

전화위복(轉禍爲福) 절차탁마(切磋琢磨) 정중지와(井中之蛙)

조강지처(糟糠之妻) 조명시리(朝名市利) 조삼모사(朝三暮四)

좌단(左袒) 주지육림(酒池肉林) 죽마고우(竹馬故友)

준조절충(樽俎折衝) 중과부적(衆寡不敵) 중석몰촉(中石沒鏃)
중원축록(中原逐鹿) 지록위마(指鹿爲馬) 지어지앙(池魚之殃)
지피지기백전불태(知彼知己百戰不殆) 징갱취제(懲羹吹虀)

창업수성(創業守成) 천고마비(天高馬肥) 천려일실(千慮一失)
천재일우(千載一遇) 철면피(鐵面皮) 청담(淸談) 청천백일(靑天白日)
청천벽력(靑天霹靂) 청출어람(靑出於藍) 축록자불견산(逐鹿者不見山)
치인설몽(癡人說夢) 칠보지재(七步之才)

타산지석(他山之石) 태산북두(泰山北斗) 토사구팽 (兎死狗烹) 퇴고(推敲)

파죽지세(破竹之勢) 포호빙하(暴虎馮河) 풍성학려(風聲鶴唳)

학철부어(涸轍鮒魚) 한단지몽(邯鄲之夢) 호가호위(狐假虎威)
호연지기(浩然之氣) 호접지몽(胡蝶之夢) 홍일점(紅一點)
화룡점정(畵龍點睛) 화씨지벽(和氏之璧) 후생가외(後生可畏)

곁에 두고 보는

고사(사자)성어

佳人薄命 가인박명

佳 : 아름다울 가 人 : 사람 인 薄 : 얇을 박 命 : 목숨 명

[출전] <소식(蘇軾)>

[풀이] 아름다운 여인은 운명이 기박하다는 말.

　송(宋)나라의 시인 소식(蘇軾 :1036~1101)이 항주, 양주 등의 지방 장관으로 있을 때 우연히 절에서 나이 삼십이 이미 넘었다는 예쁜 여승을 보고 그녀의 아름다웠을 소녀 시절을 생각하며 미인은 역사적으로 운명이 기박하였음을 시로 쓴데서 전하여 졌음.

　두 볼은 엉긴 우유와 같고 머리는 옻칠을 한 것처럼 새까맣고,
　눈빛이 발에 들어오니 주옥과 같이 빛난다.
　본디 흰 비단으로써 선녀의 옷을 지으니,
　입술연지는 천연의 바탕을 더럽힌다 하여 바르지 않았네.

　　雙頰凝 髮抹漆(쌍협응 발말칠)
　　眼光入簾珠的白(안광입렴주적백)
　　故將白練作仙衣(고장백련작선의)
　　不許紅膏汗天質(불허홍고한천질)

오나라 사투리의 애교 있는 소리는 어린아이처럼 앳되고,
무한한 사이의 근심 다 알 수 없네.
예로부터 아름다운 여인 운명 기박함이 많으니,
문을 닫고 봄이 다하니 버들꽃 떨어지네.

吳音嬌軟帶兒癡(오음교연대아치)
無限間愁總未知(무한간수총미지)
自古佳人多命薄(자고가인다명박)
閉門春盡楊花落(폐문춘진양화락)

이 시는 1086년부터 1088년 사이에 지은 것이다.

苛政猛於虎 가정맹어호

苛 : 가혹할 가 政 : 정사 정 猛 : 사나울 맹 於 : 어조사 어

虎 : 범 호

[출전] <禮記>, <檀弓記>

[풀이] 가혹한 정치는 호랑이보다 더 무섭고 사납다는 뜻으로, 폭정은 백성들에게 호랑이에게 먹히는 고통보다 더 무섭다는 말.

중국 춘추전국시대(春秋戰國時代) 말엽, 공자(孔子)의 고국인 노(魯)나라에서는 조정의 실세(實勢)인 대부(大夫) 계손자(季孫子)의 가렴주구(苛斂誅求) 정치로 인하여 백성들이 몹시 시달리고 있었다.

어느 날, 공자가 수레를 타고 제자들과 태산(泰山) 기슭을 지나가고 있을 때 한 여인의 애절한 울음소리가 들려 왔다. 일행이 발길을 멈추고 둘러보니 길가의 풀숲에 무덤 셋이 있는데, 여인은 그 앞에서 울고 있었다. 인정이 많은 공자는 제자인 자로(子路)에게 그 연유를 알아보라고 했다. 자로가 여인에게 다가가서 물었다.

"어인 일로 그렇듯 슬피 우십니까?"

여인은 깜짝 놀라 고개를 들더니 이윽고 이렇게 대답했다.

"이곳은 아주 무서운 곳입니다. 몇 년 전에 제 시아버님이 호환(虎患)을 당하셨는데 작년에는 남편이, 그리고 이번에는 제

자식까지 호랑이에게 잡아먹혔습니다."

"그런데 왜 이곳을 떠나지 않으십니까?"

"하지만, 여기 살면 못된 벼슬아치에게 혹독한 세금을 내거나 재물을 빼앗기는 일은 없어서이지요."

자로에게서 그 까닭을 자세히 전해들은 공자는 제자들에게 이렇게 말했다.

"잘 들 기억해 두어라. '가혹한 정치는 호랑이보다 더 무섭다[苛政猛於虎]'는 것을……."

[주] **태산** : 산동성(山東省)에 있는 오악(五嶽) 중 동악으로 중국 제일의 명산. 도교의 영지(靈地). **於** : ① 어조사 어. '…에, …에서, …보다' 등의 뜻을 나타냄. ② 탄식하는 소리 오 (예 : '於乎(오호)'-감탄하는 소리.) **가정(苛政)** : 가혹한 정치. **가렴주구(苛斂誅求)** : 세금을 혹독하게 징수하고 백성들의 재산을 강제로 빼앗음.

刻舟求劍 각주구검

刻 : 새길 각　舟 : 배 주　求 : 구할 구　劍 : 칼 검

[준말] 각주(刻舟), 각선(脚線), 각현(刻鉉)

[출전] <呂氏春秋>

[풀이] 강물에 떨어뜨린 칼을 찾으려고 뱃전에 표시를 했다가 나중에 찾으려 한다는 뜻으로, 어리석어 시세에 어둡거나 완고함을 비유한 말.

옛 중국 초(楚)나라 사람이 배를 타고 강을 건너다가 들고 있던 칼을 물에 빠뜨렸다. 그러자 그는 곧 칼을 빠뜨린 뱃전에 칼자국을 내어 표시를 해 두었다. 이윽고 배가 언덕에 와 닿자 칼자국이 있는 뱃전 밑 물속으로 뛰어들었다. 그러나 칼이 있을 리가 없었다.

肝膽相照, 간담상조

肝 : 간 간 膽 : 쓸개 담 相 : 서로 상 照 : 비칠 조

[유사어] 피간담(披肝膽)

[출전] 한유(韓愈)의 <柳子厚墓誌銘>

[뜻] 서로 간과 쓸개를 꺼내 보인다는 뜻으로 곧 진심을 터놓고 격의 없이 사귈 수 있는 사이를 말함.

중국 당나라시대 11대 황제인 헌종(憲宗) 때 유주자사(柳州刺史)로 좌천되었던 유종원이 죽자, 한유(韓愈)는 그 묘지명(墓地銘)을 썼다.

자신의 불우한 처지는 제쳐놓고 오히려 연로한 어머니를 두고 변경인 파주자사(播州刺史)로 좌천, 부임하는 친구 유몽득(劉夢得)을 크게 동정했던 유종원의 진정한 우정을 찬양하고, 이어 경박한 사귐을 증오하며 이렇게 쓰고 있다.

"사람이란 곤경에 처했을 때라야 비로소 참다운 절의(節義)가 나타나는 법이다. 평소 평온하게 살아갈 때는 서로 그리워하고 기뻐하며 때로는 놀이나 술자리를 마련하여 부르곤 한다. 또 흰소리를 치기도 하고 지나친 우스갯소리도 하지만, 서로 양보하고 손을 맞잡기도 한다. 어디 그뿐인가. '서로 간과 쓸개를 꺼내 보이며(肝膽相照)' 해를 가리켜 눈물짓고 살든 죽든 서로 배신하지 말자고 맹세한다. 말은 제법 그럴듯하지만 일단 털끝만큼이라도 이해관계가 생기는 날에는 눈을 부릅뜨고 언제 봤냐는 듯 안면을 바꾼다. 더욱이 함정에 빠져도 손을 뻗쳐 구해 주기는커녕 오히려 더 깊이 빠뜨리고 위에서 돌까지 던지는 인간이 이 세상 곳곳에 널려 있다."

乾坤一擲 건곤일척

乾 : 하늘 건 坤 : 땅 곤 一 : 한 일 擲 : 던질 척

[동의어] 일척건곤(一擲乾坤)

[출전] 한유(韓愈)의 시 <過鴻溝>

[풀이] 하늘과 땅을 걸고 한 번 주사위를 던진다는 뜻으로, 운명과 흥망을 걸고 마지막 승부나 성패를 겨루거나, 흥하든 망하든 운명을 하늘에 맡기고 결행하는 것.

이 말은, 중국 당나라시대의 대문장가인 한유가 홍구(鴻溝)를 지나가다가 옛날 한왕(漢王) 유방(劉邦)에게 '건곤일척'을 촉구한 장량(張良), 진평(陳平)을 기리며 읊은 회고시 <과홍구(過鴻溝)>에 나오는 마지막 구절이다.

용은 지치고 범은 피곤하여 강을 나누니
만천하 백성들의 목숨이 보존되는도다
누가 군왕에게 말머리를 돌리도록 권하여
진정 '건곤일척'의 성패를 겨루게 했는가
龍疲虎困割川原(용피호곤할천원)
億萬蒼生性命存(억만창생성명존)

誰勸君王回馬首(수권군왕회마수)
眞成一擲賭乾坤(진성일척도건곤)

　역전(歷戰) 3년 만에 진(秦)나라를 멸하고 스스로 초패왕(楚霸王)이 된 항우는 팽성(彭城)을 도읍으로 정하고 의제(義帝)를 초나라의 황제로 삼았다. 그리고 유방을 비롯해서 진나라 타도에 기여한 유공자들을 왕후(王侯)로 봉함에 따라 천하는 일단 진정되었다. 그러나 이듬해 의제가 시해되고 논공행상에 불만을 품어 온 제후들이 각지에서 반기를 들자, 천하는 다시 혼란에 빠졌다.

　항우가 제(齊)·조(趙)·양(梁)의 땅을 전전하면서 전영(田榮)·진여(陳餘)·팽월(彭越) 등의 반군을 치는 사이에 유방은 관중(關中)을 합병하고, 이듬해 의제 시해에 대한 징벌을 구실로 56만의 대군을 휘몰아 단숨에 팽성을 공략했다. 그러나 급보를 받고 달려온 항우가 반격하자, 유방은 아버지와 아내까지 적의 수중에 남겨둔 채로 겨우 목숨만 살아 형양(滎陽)으로 패주했다.

　그 후 병력을 보충한 유방은 항우와 일진일퇴의 공방전을 계속하다가 홍구를 경계로 천하를 양분하고 싸움을 멈췄다. 항우는 유방의 아버지와 아내를 돌려보내고 팽성을 향해서 철군 길에 올랐다. 이어서 유방도 철군하려 하자, 참모인 장량과 진평이 유방에게 진언했다.

　"한나라는 천하의 태반을 차지하고 제후들도 따르고 있으나 초나라는 군사들이 몹시 지쳐 있는데다가 군량마저 바닥이 났습니다. 이야말로 하늘이 초나라를 멸하려는 천의(天意)이오니 당장 쳐부숴야 합니다. 지금 치지 않으면 '호랑이를 길러 후환을 남기는

꼴[養虎遺患(양호유환)]'이 될 것입니다."

여기서 마음을 굳힌 유방은 말머리를 돌려 항우를 추격했다. 이듬해 유방은 한신(韓信)·팽월 등의 군사와 더불어 해하(垓下) 에서 초나라 군사를 포위하고 '사면초가(四面楚歌)'작전을 폈다. 참패한 항우는 오강(烏江)으로 패주하여 자결하고, 유방은 천하 통일의 길로 들어섰다.

[주] **관중** : 감숙성(甘肅省) 동부의 산지(山地)에서 발원(發源)하여 섬서성(陝西省) 중부를 흐르는 위수(渭水 : 황하의 큰 지류) 유역의 평야를 가리킴. 옛날부터 정치, 군사상의 요지로서 주(周)·진(秦)·한(漢)·당(唐)나라는 이곳을 중심지로 삼았음.

格物致知 격물치지

格 : 이를 격　物 : 만물 물　致 : 이를 치　知 : 알 지
[준말] 격치(格致)
[출전] <大學> '八條目 : 致知在格物'

[풀이] 이상적인 정치를 위한 단계를 뜻하며, 주자(朱子)에 의하면 사물의 이치를 연구하여 후천적인 지식을 명확히 하자는 것이고, 왕양명(王陽明)에 의하면 낱낱의 사물에 존재하는 마음을 바로잡고 선천적인 양지(良知)를 발현하자는 것임.

　사서(四書)의 하나인 <대학(大學)>은 유교의 교의(教義)를 체계적으로 간결하게 서술한 책으로서 삼강령(三綱領 : 明明德, 新民, 止於至善), 팔조목(八條目 : 格物, 致知, 誠意, 正心, 修身, 齊家, 治國, 平天下)으로 요약된다.
　팔조목 중 여섯 조목에 대해서는 해설이 나와 있으나 '격물' '치지'의 두 조목에 대한 해설은 없다. 그래서 송대(宋代) 이후 유학자들 사이에 그 해석을 둘러싸고 여러 설이 나와 유교의 근본적인 문제 중의 하나로 논쟁이 되어 왔다. 그중 대표적인 것으로는 송나라 주자(朱子 : 朱熹)의 설과 명(明)나라 왕양명(王陽明 : 王守仁)의 설을 들 수 있다.

　주자의 설 : 만물(萬物)은 모두 한 그루의 나무와 한 포기의 풀에

이르기까지 각각 그 '이(理)'를 갖추고 있다. '이'를 하나하나 궁구(窮究)해 나가면 어느 땐가는 활연(豁然)히 만물의 겉과 속, 그리고 세밀함[精]과 거침[粗]을 확연히 알 수 있다.

왕양명의 설 : 격물(格物)의 '물'이란 사(事)이다. '사'란 어버이를 섬긴다든가 임금을 섬기는 마음의 움직임, 곧 뜻이 있는 곳을 말한다. '사'라고 한 이상에는 거기에 마음이 있고, 마음 밖에는 '물'도 없고 '이'도 없다. 그러므로 격물의 '격'이란 '바로 잡는다'라고 읽어야 하며 '사'를 바로잡고 마음을 바로잡는 것이 '격물'이다. 악을 떠나 마음을 바로잡음으로써 사람은 마음속에 선천적으로 갖추어진 양지(良知)를 명확히 할 수가 있다. 이것이 지(知)를 이루는[致] 것이며 '치지'이다.

[주] **양지** : ① 타고난 지능. ② 양명학(陽明學)의 마음의 본체.

犬兔之爭 견토지쟁

犬 : 개 견　兔 : 토끼 토　之 : 갈 지　爭 : 다툴 쟁

[동의어] 방휼지쟁(蚌鷸之爭), 어부지리(漁父之利)

[출전] <戰國策> '齊策'

[풀이] 개와 토끼의 다툼, 양자의 다툼에 제삼자가 힘들이지 않고 이(利)를 얻거나 횡재함을 비유한 말. 또 쓸데없는 다툼을 비유한 말.

중국 춘추전국시대, 제(齊)나라 왕에게 중용(重用)된 순우곤(淳于髡)은 원래 해학(諧謔)과 변론에 뛰어난 사람이었다. 제나라 왕이 위(魏)를 치려고 하자, 그는 이렇게 진언했다.

"한자로(韓子盧)라는 매우 날쌘 명견(名犬)이 동곽준(東郭逡)이라는 재빠른 토끼를 뒤쫓았습니다. 수십 리 거리의 산기슭을 세 바퀴나 돌고, 가파른 산꼭대기를 다섯 번이나 올라갔다 내려와서 개도 토끼도 지쳐서 죽고 말았습니다. 이 때 그것을 발견한 '전부(田父 : 농부)는 힘들이지 않고 횡재[田父之功]'를 하였습니다.

제나라와 위나라는 오랫동안 대치하는 바람에 지금 군사도 백성도 지쳐서 사기가 말이 아닌데 서쪽의 진(秦)이나 남쪽의 초(楚)나라가 이를 기화로 '전부지공'을 거두려 하지 않겠습니까."

이 말을 들은 왕은 위를 칠 생각을 깨끗이 버리고 오로지 부국강병(富國强兵)에만 힘썼다고 한다.

敬遠 경원

敬 : 공경할 경 遠 : 멀리할 원
[원어] 경이원지(敬而遠之)
[출전] <論語> '雍也篇'

[풀이] 존경하되 멀리하거나 공경하되 가까이하지 않는다는 말.

  춘추전국시대, 공자(孔子)에게 어느 날 조금 아둔한 번지(樊遲)라는 제자가 물었다.
  "선생님, 지(知)가 무엇입니까?"
  공자가 이렇게 대답했다.
  "사람이 해야 할 도리를 다하고자 노력하고 혼령(魂靈)이나 신(神)에 대해서는 존경하되 멀리한다면 이것을 지(知)라고 할 수 있을 것이다."
  <논어(論語)> '옹야편(雍也篇)'에 실려 있는 글이다.

鷄口牛後 계구우후

鷄: 닭 계 口: 입 구 牛: 소 우 後: 뒤 후

[원어] 영위계구물위우후(寧爲鷄口勿爲牛後)

[출전] 〈史記〉 '蘇秦列傳'

[풀이] 쇠꼬리보다는 닭의 부리가 되는 것이 낫다는 뜻으로, 큰 집단의 말석보다는 작은 집단의 우두머리가 되는 것이 낫다는 말.

중국 춘추전국시대 중엽, 동주(東周)의 도읍 낙양(洛陽)에 소진(蘇秦)이란 책사가 있었다. 그는 합종책(合縱策)으로 입신할 뜻을 품고, 당시 최강국인 진(秦)의 동진(東進) 정책에 전전긍긍(戰戰兢兢)하고 있는 한(韓)·위(魏)·조(趙)·연(燕)·제(齊)·초(楚)의 6국을 돌아다니던 중 한(韓)의 선혜왕(宣惠王)을 알현하고 이렇게 말했다.

"전하, 한나라는 지세가 견고하고 군사도 강한 것으로 알려져 있습니다. 그런데도 싸우지 않고 진을 섬기면 천하의 웃음거리가 될 것이고, 진은 땅을 계속해서 내 놓으라고 요구할 것입니다. 그런 즉 이럴 때에 6국이 남북, 즉 세로[縱]로 손을 잡는 합종책으로 진나라의 동진책을 막고 국토를 보존하십시오. '닭의 부리가 될지언정[寧爲鷄口] 쇠꼬리는 되지 말라[勿爲牛後]'는 말도 있지 않습니까."

이런 식으로 6국의 왕을 설득하는 데 성공한 소진은 마침내 여섯 나라의 재상을 겸임하는 성공한 정치가가 되었다.

鷄群一鶴 계군일학

鷄 : 닭 계　群 : 무리 군　一 : 한 일　鶴 : 학 학

[동의어] 군계일학(群鷄一鶴), 계군고학(鷄群孤鶴)

[출전] <晉書> '嵇紹傳'

[풀이] 닭의 무리 속에 한 마리의 학이라는 뜻으로, 평범한 여러 사람들 중에 뛰어난 한 사람이 있음을 말함.

옛 중국의 위진(魏晉)시대에 완적(阮籍)·완함(阮咸)·혜강(嵇康)·산도(山濤)·왕융(王戎)·유령(劉伶)·상수(尙秀) 곧 죽림칠현(竹林七賢)으로 불리는 일곱 선비가 있었다. 이들은 종종 지금의 하남성(河南省) 북동부에 있는 죽림에 모여 노장(老莊)의 사상을 바탕으로 한 청담(淸談)을 즐겨 담론하곤 했다.

그러다가 죽림칠현 중 위나라 중산대부(中散大夫)로 있던 혜강이 억울한 죄를 뒤집어쓰고 처형당했다. 그때 혜강에게 나이 열 살의 아들 혜소(嵇紹)가 있었다. 혜소가 성장하자, 산도가 그를 무제[武帝 : 위나라를 멸하고 진나라를 세운 사마염(司馬炎)]에게 천거했다.

"폐하, <서경(書經)>의 '강고편(康誥篇)'에 부자간의 죄는 서로 연좌(連坐)하지 않는다고 적혀 있습니다. 혜소가 비록 혜강의 자식이긴 하오나 총명함이 춘추시대 진(晉)의 대부 극결(郤缺)과 비교해도 결코 못지않사오니 그를 비서랑(秘書郞)으로 기용하십시오."

"오, 경(卿)이 천거(薦擧)하는 사람이라면 승(丞)이라도 능히 감당할 것이오."

이렇게 해서 혜소는 비서랑보다 한 계급 위인 비서승에 임명되게 되었다.

혜소가 입궐하던 그 이튿날, 어떤 사람이 감격스러워하며 왕융에게 말했다.

"어제 구름처럼 많이 모인 사람들 틈에서 입궐하는 혜소를 보았습니다만, 그 늠름한 모습은 마치 '닭의 무리 속에 우뚝 선 한 마리의 학[鷄群一鶴]'과 같았습니다."

그러자 왕융은 미소를 띠면서 이렇게 말했다.

"그대는 혜소의 아버지를 본 적이 없겠지만, 그는 혜소보다 훨씬 더 늠름했다네."

鷄肋 계륵

鷄 : 닭 계 肋 : 갈빗대 륵
[출전] <後漢書> '楊修傳', <晉書> '劉伶傳'

[풀이] 먹을 것이 별로 없고, 버리기는 아까운 닭갈비란 뜻으로, 쓸모는 별로 없으나 버리기는 아까운 사물을 말하거나 닭갈비처럼 몹시 허약함을 비유하는 말.

중국이 삼국 시대로 접어들기 전(前)인 후한(後漢) 말의 일이다. 위왕(魏王) 조조(曹操)는 대군을 이끌고 한중(漢中)으로 원정을 떠났다. 익주(益州)를 차지하고 한중으로 진출하여 한중왕을 일컫는 유비(劉備)를 치기 위해서였다. 유비의 군사는 제갈량(諸葛亮)의 계책에 따라 정면 대결을 피하고 적의 보급로 차단에만 주력했다. 배가 고파 도망치는 군사가 속출하자, 조조는 어느 날 전군(全軍)에 이런 명령을 내렸다.

"계륵(鷄肋)!"

'계륵?' 모두들 영문을 몰라 어리둥절하고 있는데 주부(主簿) 벼슬에 있는 양수(楊修)만은 서둘러 짐을 꾸리기 시작했다. 한 장수가 그 이유를 묻자, 그는 이렇게 대답했다.

"닭갈비는 먹자니 먹을 게 별로 없고 버리자니 아까운 것이오. 지금 왕께서는 한중 역시 그런 닭갈비 같은 땅으로 생각하고 철군(撤軍)을 결심하신 것이오.”

정말로 조조는 며칠 후 한중으로부터 군사를 철수시켜버렸다.

중국 진(晉 : 西晉)나라시대 초기, 죽림칠현 중에 유령(劉伶)이라는 사람이 어느 날 술에 취하여 행인과 시비가 붙었다. 상대가 주먹을 쥐고 달려들자, 유령은 점잖게 말했다.

“보다시피 닭갈비[鷄肋]처럼 빈약한 몸이라서 당신의 주먹을 받아들이지 못할 것 같소.”

그러자 상대는 어처구니가 없어서 그만 웃음을 터뜨리고 말았다고 한다.

[주] **한중** : 섬서성(陝西省)의 서남쪽을 흐르는 한강(漢江 : 양자강의 큰 지류) 북안의 험한 땅으로서 진(秦)을 멸한 유방이 항우로부터 분봉(分封)받아 한왕(漢王)이라 일컫던 곳.

鷄鳴狗盜 계명구도

鷄 : 닭 계 鳴 : 울 명 狗 : 개 구 盜 : 도둑 도
[출전] <史記> '孟嘗君列傳'

[풀이] 닭울음소리를 잘 내는 사람과 개 흉내를 잘 내는 좀도둑이라는
뜻으로, 선비가 배워서는 안 될 천한 기능을 가진 사람도 때로는
쓸모가 있다는 말.

춘추전국시대 중엽, 제(齊)나라의 맹상군(孟嘗君)은 왕족으로서
재상을 지낸 정곽군(靖郭君)의 40여 자녀 중 서자로 태어났으나,
정곽군이 자질이 뛰어난 그를 후계로 삼았다 한다. 훗날에 설(薛) 땅의
영주가 된 맹상군은 선정을 베푸는 한편 널리 인재를 모음으로써
천하에 명성을 떨쳤다. 수천 명에 이르는 그의 식객 중에는
문무지사(文武之士)는 물론 '구도(狗盜 : 밤에 개가죽을 쓰고 도둑질하는
좀도둑)'에 능한 사람과 닭울음소리[鷄鳴]를 잘 내는 사람도 있었다.
그 즈음에 맹상군은 진(秦)의 소양왕(昭襄王)으로부터 재상 취임
요청을 받았다. 맹상군은 썩 내키지 않았으나 나라를 위해 수락하기로
했다. 그는 식객 중에서 가려 뽑은 몇 사람만 데리고 진나라의 도읍
함양(咸陽)에 도착하여 소양왕을 알현하고 값비싼 호백구(狐白裘 :
狐裘)를 예물로 진상했다. 소양왕이 맹상군을 재상으로 기용하려 하자
중신들이 반대하고 나섰다.

"전하, 제나라의 왕족을 재상으로 중용하심은 진나라를 위한 일이 아닌 줄로 아옵니다."

약속은 깨졌다. 소양왕은 맹상군을 그냥 돌려보낼 수도 없었다. 복수를 할 것이 틀림없기 때문이었다. 그래서 그를 은밀히 죽여 버리기로 했다. 이를 눈치 챈 맹상군은 궁리 끝에 소양왕의 총희(寵姬)에게 무사히 귀국할 수 있도록 해달라고 간청했다. 그러자 그녀는 엉뚱한 요구를 했다.

"나에게도 왕께 진상한 것과 똑같은 호백구를 주신다면 한 번 힘써보지요."

당장 어디서 그 귀한 호백구를 구한단 말인가. 맹상군은 맥이 빠졌다. 이 얘기를 들은 '구도'가 그날 밤 궁중에 잠입해서 전날 진상한 호백구를 감쪽같이 훔쳐내어 총희에게 주었다. 소양왕은 총희의 간청에 못 이겨 맹상군을 돌려보내기로 했다.

맹상군은 일행과 함께 서둘러 국경인 함곡관(函谷關)으로 향했다. 한편 소양왕은 맹상군을 놓아 준 것을 후회하고 추격하는 군사들을 보냈다.

한밤중에 함곡관에 도착한 맹상군 일행은 더 나아갈 수가 없었다. 첫닭이 울 때까지는 관문을 열지 않기 때문이었다. 일행이 안절부절못하고 있는데 '계명'이 인가(人家)쪽으로 사라지더니 첫닭 울음소리가 들려왔다. 이어 동네 닭들이 따라 울기 시작했다. 병졸들이 눈을 비비며 관문을 열자, 일행은 그 문을 나와 말에 채찍을 가하여 쏜살같이 어둠 속으로 달려갔다. 추격 병들이 관문에 도착한 것은 그 직후였다.

[주] **호백구** : 여우 겨드랑이의 흰 털가죽을 여러 장 모아 이어서 만든 가죽옷으로, 귀족이나 고관대작(高官大爵)만이 입을 수 있다고 해서 귀족의 상징물이 되기도 했다. 호구(狐裘)라고도 일컬음.

鼓腹擊壤 고복격양

鼓 : 북·북칠 고   腹 : 배 복   擊 : 칠 격   壤 : 땅 양
[준말] 격양(擊壤)   [동의어] 擊壤之歌, 擊壤歌
[출전] <十八史略> '帝堯篇', <樂府詩集> '擊壤歌'

[풀이] 배를 두드리고 발을 구르며 흥겨워한다는 뜻으로, 태평성대를
이르는 말.

옛날 중국에 성천자(聖天子)로 이름난 요(堯) 임금이 선정을 베풀어 온
지 오래 된 때였다.
하루하루가 태평하던 어느 날 요 임금은 정말로 세상이 잘
다스려지고 있는지 궁금하여 변장을 하고 민정(民情)을 살펴보러
나갔다. 어느 네거리에 이르자, 아이들이 손을 맞잡고 요 임금을
찬양하는 노래를 부르고 있었다.

우리가 이처럼 잘 살아가는 것은 모두가 임금님의 지극한 덕이네
우리는 아무것도 알지 못하지만 임금님이 정하신 대로 살아 가네
立我烝民(입아증민)　莫匪爾極(막비이극)
不識不知(불식부지)　順帝之則(순제지칙)

마음이 흐뭇해진 요 임금은 어느새 마을 끝까지 걸어갔다. 그 곳에는 하얀 한 노인이 손으로 배를 두드리고[鼓腹], 발로 땅을 구르며[擊壤] 흥겹게 노래를 부르고 있었다.

해가 뜨면 일하고 해가 지면 쉬네
밭을 갈아먹고 우물을 파서 마시니
임금님의 힘이 나에게 무슨 소용인가
日出而作 日入而息(일출이작 일입이식)
耕田而食 鑿井而飮(경전이식 착정이음)
帝力何有于我哉(제력하유우아제)

요 임금은 정말 기뻤다. 백성들이 아무 불만 없이 배를 두드리고 발을 구르며 흥겨워하고, 권력 따위는 완전히 잊어버리고 있으니 말이다. 그야말로 정치가 잘되고 있다는 증거가 아니겠는가. 요 임금은 그렇게 생각했던 것이다.

曲學阿世 곡학아세

曲 : 굽을 곡 學 : 학문 학 阿 : 아첨할 아 世 : 세상 세

[유사어] 어용학자(御用學者)

[출전] <史記> '儒林傳'

[풀이] 학문을 굽혀 세속(世俗)에 아첨한다는 뜻으로, 정도(正道)를 벗어난 학문으로 세상에 아첨함을 이르는 말.

옛 중국의 한(漢)나라 6대 황제 경제(景帝)는 널리 어진 선비를 찾다가 산동(山東)에 사는 원고생(轅固生)이라는 유명한 시인을 등용하기로 했다.

그는 90세의 고령이었으나 직언을 잘하는 대쪽같은 선비로 유명했다. 그래서 사이비 학자들은 원고생을 중상비방(中傷誹謗)하는 상소를 올려 그의 등용을 막으려 했으나, 경제는 끝내 듣지 않았다.

당시 원고생과 함께 등용된 젊은 학자가 있었는데, 그 역시 산동 사람으로 이름을 공손홍(公孫弘)이라고 했다. 공손홍은 원고생을 늙은이라고 업신여겼지만, 원고생은 전혀 개의치 않고 공손홍에게 이렇게 말했다.

"지금 학문의 정도(正道)가 어지러워져서 속설(俗說)이 유행하고 있네. 이대로 버려두면 유서 깊은 학문의 전통은 결국 사설(邪說)로 인해 그 본연의 모습을 잃고 말 것일세. 자네는 다행히 젊은데다가 학문을 좋아하는 선비란 말을 들었네. 그러니 부디 올바른 학문을 닦아서 세상에 널리 알리기 바라네. 결코 자신이 믿는 학설을 굽혀[曲學] 이 세상 속물들에게 아첨하면[阿世] 안 되네."

원고생의 말에 공손홍은 너무나 부끄러웠다. 절조를 굽히지 않는 고매한 인격과 학식이 높은 원고생과 같은 이를 알아보지 못한 자신이 초라했기 때문이다. 공손홍은 그 즉시 지난날의 무례를 사과하고 원고생의 제자가 되었다고 한다.

空中樓閣 공중누각

空 : 빌 공 中 : 가운데 중 樓 : 다락 루 閣 : 누각 각
[출전] <夢溪筆談>

[풀이] 공중에 떠 있는 누각[蜃氣樓(신기루)]이란 뜻으로, 진실성이나 현실성이 없는 일, 또는 허무하게 사라지는 근거 없는 가공의 사물을 이름.

고대 중국 송(宋)나라의 학자 심괄(沈括)이 저술한 일종의 박물지(博物誌)인 <몽계필담(夢溪筆談)>에는 다음과 같은 글이 실려 있다.

登州四面臨海 春夏時 遙見空際 城市樓臺之狀 土人謂之海市
(등주사면임해 춘하시 요견공제 성시루대지상 토인위지해시)
등주(登州)는 사면이 바다에 임하여 봄과 여름철에는 저 멀리 하늘가에 성시누대(城市樓臺)의 모습을 볼 수 있다. 이 고장 사람들은 이것을 해시(海市)라고 이른다.

훗날 청(淸)나라의 학자 적호(翟灝)는 그의 저서 <통속편(通俗篇)>에서 심괄의 이 글에 대해 이렇게 쓰고 있다.

今稱言行虛構者 曰空中樓閣 用此事

(금칭언행허구자 왈공중누각 용차사)

　오늘날 말과 행동이 허구에 찬 사람을 일컬어 '공중누각'이라고 말하는 것은 이것을 인용한 것이다.

　이처럼 '공중누각'이란 말은 이미 청나라 때부터 쓰여 왔으며, 심괄의 글 가운데 '해시'라는 것은 '신기루'를 가리키는 말이다.

過猶不及 과유불급

過 : 지날 과 猶 : 같을 유 不 : 아니 불 及 : 미칠 급

[참조] 조장(助長)

[출전] 〈論語〉 '先進扁'

[풀이] 정도를 지나침은 미치지 못하는 것과 같다는 뜻.

어느 날 제자 자공(子貢)이 공자에게 물었다.

"스승님, 자장(子張)과 자하(子夏) 중 누가 더 현명합니까?"

공자는 두 제자를 비교해보더니 이렇게 말했다.

"자장은 매사에 좀 지나치고, 자하는 부족한 점이 많다."

"그렇다면 자장이 낫겠군요?"

자공이 다시 묻자, 공자는 이렇게 대답했다.

"아니다. 지나침은 미치지 못한 것과 같다[過猶不及]."

瓜田李下 과전이하

瓜 : 오이 과　田 : 밭 전　李 : 오얏 리　下 : 아래 하

[원어] 과전불납리 이하부정관(瓜田不納履 李下不整冠)

[출전] <列女傳>, <文選> '樂府篇'

[풀이] 오이 밭에서 신을 고쳐 신지 말고, 오얏나무 아래서 갓을 고쳐 쓰지 말라는 뜻으로, 의심받을 짓은 처음부터 하지 말라는 말.

　춘추전국시대 주(周)나라 열왕(烈王) 때, 제(齊)나라 위왕(威王) 때의 일이다. 위왕이 즉위한 지 9년이 지났지만 간신 주파호(周破湖)가 국정을 멋대로 휘둘러 온 탓에 나라 형편이 말할 수 없을 정도로 어지러웠다. 그래서 보다 못한 후궁 우희(虞姬)가 위왕에게 아뢰었다.

　"전하, 주파호는 속이 검은 사람이니 그를 내치시고 북곽(北郭) 선생과 같은 어진 선비를 등용하십시오."

　주파호가 이 사실을 알고 우희와 북곽 선생은 전부터 서로 좋아하는 사이라고 우희를 모함했다. 위왕은 마침내 우희를 옥에 가두고 관원에게 철저히 조사하라고 명했으나 이미 주파호에게 매수된 관원은 죄를 꾸미려고 했다. 그러나 위왕은 그 조사 과정이 아무래도 이해가 되지 않았다. 그래서 왕이 우희를 불러 직접 물으니 그녀는 이렇게 대답했다.

"전하, 신첩(臣妾)이 한마음으로 전하를 모신 지 10년이 되었으나 불행하게도 지금 간신들의 모함에 빠졌습니다. 신첩의 결백은 청천백일(靑天白日)과 같습니다. 만약 신첩에게 죄가 있다면 그것은 '오이 밭에서 신을 고쳐 신지 말고[瓜田不納履]' '오얏나무 아래서 갓을 고쳐 쓰지 말라[李下不整冠]'는 말처럼 남에게 의심받을 일을 피하지 못했다는 점과 옥에 갇혀 있는데도 누구 하나 변명해 주는 사람이 없었다는 신첩의 부덕한 점입니다. 이제 신첩에게 죽음을 내리신다 해도 더 이상 변명치 않겠으나 주파호와 같은 간신만은 내치시기 바랍니다."

위왕은 우희의 충심어린 호소를 듣고 이제까지의 악몽에서 깨어났다. 그리고 위왕은 당장 주파호 일당을 삶아 죽이고 어지러운 나라를 바로잡았다.

管鮑之交 관포지교

管 : 대롱 관 鮑 : 절인고기 포 之 : 갈 지 交 : 사귈 교

[동의어] 관포교(管鮑交)

[출전] <史記> '管仲列傳', <列子> '力命篇'

[풀이] 관중(管仲)과 포숙아(鮑淑牙) 같은 사귐이란 뜻으로, 아주 친한 친구 사이의 두터운 우정을 일컫는 말.

춘추전국시대 초엽, 제(濟)나라에 관중과 포숙아라는 두 관리가 있었다. 이들은 죽마고우(竹馬故友)였다. 관중이 공자(公子) 규(糾), 포숙아가 규의 이복동생인 소백(小白)의 측근으로 있을 때 공자의 아버지 양공(襄公)이 사촌동생 공손무지(公孫無知)에게 시해되자, 관중과 포숙아는 각각 두 공자를 따라 이웃 노(魯)나라와 거(莒)나라로 망명했다. 이듬해 공손무지가 살해되자, 두 공자는 다투어 귀국을 서둘렀고, 둘은 본의 아니게 대립하는 관계가 되고 말았다. 관중이 한때 소백을 암살하려 했으나 그가 먼저 귀국하여 환공(桓公)이라 일컫고 노나라에 공자 규의 처형과 관중의 압송(押送)을 요구했다. 환공이 압송된 관중을 죽이려 하자 포숙아는 이렇게 간했다.

"전하, 제(濟)나라 하나만 다스리는 것으로 만족하신다면 신(臣)으로도 충분할 것입니다. 하오나 천하의 패자(覇者)가 되시려면 관중을 기용하십시오."

환공은 포숙아의 진언을 받아들여 관중을 대부(大夫)로 중용하고 정사를 맡겼다. 재상이 된 관중은 국민 경제의 안정에 입각한 덕본주의(德本主義)의 선정을 베풀어 마침내 환공으로 하여금 춘추(春秋)시대의 첫 패자로 군림케 하였다. 이 같은 정치적인 성공은 환공의 관용과 관중의 재능이 한데 어우러진 결과이긴 하지만, 그 출발점은 역시 관중에 대한 포숙아의 변함없는 우정이었다. 그래서 관중은 훗날 포숙아에 대한 마음을 이렇게 술회했다.

"젊어서 포숙아와 장사를 할 때 늘 이익금을 내가 더 많이 가졌으나 나를 욕심쟁이라고 하지 않았다. 내가 가난하다는 걸 알고 있었기 때문이다. 또 그를 위해 한 사업이 실패하여 그를 궁지에 빠뜨렸었지만 나를 용렬하다고 여기지 않았다. 일에는 성패(成敗)가 있다고 생각했기 때문이다. 또 내가 벼슬길에 나갔다가는 물러나곤 했었지만 나를 무능하다고 말하지 않았다. 내게 운이 따르고 있지 않다고 생각했기 때문이었다. 그것뿐이랴. 내가 싸움터에서 도망친 적이 여러 번 있었지만 겁쟁이라고 하지 않았다. 내게 노모가 있다는 걸 알았기 때문이다. 나를 낳아 준 사람은 부모지만, 나를 알아준 사람은 포숙아다[生我者父母 知我者鮑淑牙]."

刮目相對 괄목상대

刮 : 비빌 괄 目 : 눈 목 相 : 서로 상 對 : 마주볼 대

[출전] <三國志> '吳志 呂蒙傳注'

[풀이] 눈을 비비고 상대를 본다는 뜻으로, 남의 학식이나 재주가 전에 비하여 딴 사람으로 볼 만큼 부쩍 는 것을 말함.

중국 삼국시대(三國時代) 초엽, 오왕(吳王) 손권(孫權)의 부하 장수에 여몽(呂蒙)이 있었다. 그는 무식했으나 전공을 쌓아 장군이 된 사람이었다. 어느 날 그는 왕으로부터 공부하라는 충고를 받았다. 그래서 전쟁터에서도 '손에서 책을 놓지 않고[手不釋卷(수불석권)]' 학문에 정진했다. 그 후 손권의 중신(重臣) 가운데 가장 유식한 재상 노숙(魯肅)이 전지(戰地)를 시찰하는 길에 오랜 친구인 여몽을 만났다. 그런데 노숙은 오랜만에 만난 친구와 이런저런 대화를 나누다가 여몽이 너무나 박식해진 데에 그만 놀라고 말았다.

"아니, 여보게. 언제 그렇게 공부했나? 자네는 이제 오나라에 있을 때의 여몽이 아닐세그려."

그러자 여몽은 이렇게 대꾸했다.

"무릇 선비들이란 헤어진 지 사흘이 지나서 다시 만났을 때에라도 눈을 비비고 상대를 대면할 정도로 달라져야 하는 법이 아니겠는가."

그 후 재상 노숙이 병사(病死)하자, 여몽은 그 뒤를 이어 오왕 손권을 보필, 국세(國勢)를 신장하는데 힘썼다.

巧言令色 교언영색

巧 : 교묘할 교　言 : 말씀 언　令 : 명령할 령　色 : 빛 색
[참조] 눌언민행(訥言敏行)
[출전] <論語>, '學而篇'

[풀이] 꾸며대는 말과 보기 좋게 한 태도라는 뜻으로, 남의 환심을 사기 위해서 아첨하는 교묘한 말과 보기 좋게 꾸미는 표정을 두고 이르는 말.

공자(孔子)는 아첨꾼을 일컬어 <논어(論語)> '학이편(學而篇)'에서 이렇게 말했다.

꾸며대는 말과 알랑대는 태도에는 '인(仁)'이 적다.
巧言令色鮮矣仁(교언영색선의인)

말재주가 교묘하고 표정을 보기 좋게 꾸미는 사람 중에 어진 사람은 거의 없다는 뜻이다.
이 말을 뒤집어 또 공자는 <자로편(子路篇)>에서 이렇게 말했다.

강직 의연하고 질박 어눌한 사람은 '인'에 가깝다.

剛毅木訥近仁(강의목눌근인)

　의지가 굳고 용기가 있으며 꾸밈이 없고 말수가 적은 사람은 '인[君子]'에 가깝다는 뜻. 그러나 이러한 사람이라도 '인' 그 자체는 아니라고 공자는 <옹야편(擁也篇)>에서 이렇게 말했다.

　문질 빈빈한 연후에야 군자라 할 수 있다.
　文質彬彬然後君子(문질빈빈연후군자)

　문(文) 즉 형식과, 질(質) 즉 실체가 잘 어울려 조화를 이루어야 군자라는 뜻이다.

口蜜腹劍 구밀복검

口 : 입 구　蜜 : 꿀 밀　腹 : 배 복　劍 : 칼 검

[유사어] 소리장도(笑裏藏刀), 소중유검(笑中有劍)

[출전] <新唐書>

[풀이] 입에는 꿀을 담고 배에는 칼을 지녔다는 뜻으로, 말로는 친한 척하고 있지만 속으로는 은근히 해칠 생각을 품고 있음을 비유하는 말.

중국 당(唐)나라시대 현종(玄宗) 후기에 이림보(李林甫)라는 재상이 있었다. 그는 태자 이하 그 유명한 무장(武將) 안록산(安祿山)까지 두려워했던 전형적인 궁중정치가(宮中政治家, 宮中政治 : 궁정의 귀족이나 대신들에 의해 행하여지는 정치)였다.

뇌물로 환관과 후궁들의 환심을 사고 현종에게 아첨하여 마침내 재상이 되자, 당시 양귀비(楊貴妃)에게 빠져 정사(政事)를 멀리하는 현종의 유흥을 부추기며 조정을 좌지우지했다. 바른말하는 충신이나 자신의 권위에 위협적인 신하가 나타나면 가차 없이 제거했다. 그런데 그가 정적을 제거할 때에는 먼저 상대방을 한껏 추켜 올린 다음 뒤통수를 치는 표리부동(表裏不同)한 수법을 썼기 때문에 특히 벼슬아치들은 모두 이림보를 두려워하며 이렇게 말했다.

"이림보는 입으로 꿀 같은 말을 하지만 뱃속에는 무서운 칼이 들어 있다[口蜜腹劍]."

九牛一毛 구우일모

九:아홉구 牛:소우 一:한일 毛:털모
[유사어] 창해일속(滄海一粟), 창해일적(滄海一滴)
[출전] <漢書> '報任安書', <文選> '司馬遷 報任少卿書'

[풀이] 아홉 마리의 소에서 뽑은 한 가닥의 털이라는 뜻으로, 많은 것 중에 극히 적은 것을 비유한 말.

옛 중국의 한(漢)나라 7대 황제 무제(武帝) 때 오천 명의 보병을 이끌고 흉노(匈奴)를 정벌하러 나갔던 이릉(李陵) 장군은 열 배가 넘는 적의 기병을 맞아 10여 일간은 잘 싸웠으나 결국 중과부적(衆寡不敵)으로 패하고 말았다. 그런데 이듬해 놀라운 사실이 밝혀졌다. 난전(亂戰) 중에 전사한 줄 알았던 이릉이 흉노에게 투항하여 후대를 받고 있다는 것이었다. 이를 안 무제는 크게 노하여 이릉의 일족(一族)을 참형에 처하라고 엄명했다. 그러나 중신들과 이릉의 동료들은 침묵 속에 무제의 안색만 살필 뿐 누구 하나 이릉을 위해 변호하는 사람이 없었다.

이를 보고 분개한 사마천(司馬遷)이 그를 변호하고 나섰다. 지난날 흉노에게 경외(敬畏)의 대상이었던 이광(李廣) 장군의 손자인 이릉을 목숨을 던져서라도 국난(國難)에 나설 용장(勇將)이라고 사마천은 굳게 믿어 왔기 때문이다. 그는 사가(史家)로서의 냉철한 눈으로 사태의 진상을 통찰하고 대담하게 무제에게 아뢰었다.

"황공하오나 이릉은 소수의 보병으로 수만 오랑캐 기병과 싸워 그 괴수를 경악케 하였으나 원군은 오지 않고 아군 속에 배반자까지 나오는 바람에 어쩔 수 없이 패전한 것으로 생각됩니다. 그러나 끝까지 병졸들과 신고(辛苦)를 같이한 이릉은 인간으로서 극한의 역량을 발휘한 명장이라 해도 과언이 아닐 것입니다. 그가 흉노에 투항한 것도 필시 훗날 황은(皇恩)에 보답할 기회를 얻기 위한 고육책(苦肉策)으로 생각되니 차제에 폐하께서 이릉의 무공을 천하에 공표하십시오."

무제는 진노하여 사마천을 투옥(投獄)한 후 궁형(宮刑)에 처했다. 세인(世人)은 이 일을 가리켜 '이릉의 화[李陵之禍]'라 일컫고 있다. 궁형이란 남성의 생식기를 잘라 없애는 것으로 가장 수치스런 형벌이었다. 사마천은 이를 친구인 '임안(任安)'에게 알리는 글[報任安書]에서 '더할 수 없는 치욕'이라고 적고, 이어 착잡한 심정을 이렇게 말하고 있다.

"내가 사형을 받는다고 해도 그것은 '아홉 마리의 소에서 터럭 하나 없어지는 것'과 같을 뿐이니 나와 같은 존재는 땅강아지나 개미 같은 미물과 무엇이 다르겠나? 그리고 세상 사람들 또한 내가 죽는다 해도 절개를 위해 죽는다고 생각하기는커녕 나쁜 말하다가 큰 죄를 지어서 어리석게 죽었다고 여길 것이네."

사마천이 그런 수모를 당하면서까지 목숨을 부지한 데는 그만한 이유가 있었다. 당시 사마천은 태사령(太史令)으로 봉직했던 아버지 사마담(司馬談)이 임종시에 '통사(通史)를 기록하라'고 한 유언에 따라 <사기(史記)>를 집필 중에 있었기 때문이다. 그래서 그는 <사기>를 완성하기 전에는 죽을 수도 없는 몸이었다. 그로부터 2년 후에 중국 최초의 사서(史書)로서 불후(不朽)의 명저(名著)로 꼽히는 <사기> 130여 권이 완성되어 오늘에 전해지고 있다.

[주] **태사령** : 조정(朝廷)의 기록·천문·제사 등을 맡아보던 관청의 관리. 사관(史官). **사마천** : 전한의 역사가. 지는 자장(子長). 경칭은 태사공(太史公). 젊었을 때 전국 각처를 주유(周遊)하며 전국 시대 제후(諸侯)의 기록을 수집 정리함. 기원전 104년 공손경(公孫卿)과 함께 태초력(太初曆)을 제정하여 후세 역법(曆法)의 기틀을 마련함. 아버지 사마담(史馬談)의 뒤를 이어 태사령(太史令)이 됨. 흉노(匈奴) 토벌 중 포로가 되어 투항한 이릉(李陵) 장군을 변호하다가 무제(武帝)의 노여움을 사 궁형(宮刑)을 받음.

國士無雙 국사무쌍

國 : 나라 국　士 : 선비 사　無 : 없을 무　雙 : 쌍 쌍
[유사어] 동량지기(棟梁之器)
[출전] <史記> '淮陰侯列傳'

[풀이] 나라 안에 견줄 만 한 자가 없는 인재라는 뜻으로, 국내에서
가장 뛰어난 인물을 일컫는 말.

　초패왕 항우와 한왕 유방에 의해 진나라가 멸망한 한왕 원년(元年)의
일이다. 당시 한(漢)나라에는 한신(韓信)이라는 군관이 있었는데, 처음에
그는 초(楚)나라에 속해 있었으나 아무리 군략(軍略)을 헌책(獻策)해도
받아 주지 않는 항우에게 실망하여 초나라를 이탈, 한나라에
투신한 사람이다. 한신은 우연한 일로 재능을 인정받아 군량을
관리하는 치속도위(治粟都尉)가 되었다. 이때부터 그는 직책상 승상인
소하(蕭何)와도 자주 만났다. 그래서 한신이 비범한 인물이라는 것을 안
소하는 그에게 은근히 기대를 걸고 있었다.
　그 무렵, 고향을 멀리 떠나온 한군(漢軍)은 향수에 젖어 도망치는
장병이 날로 늘어나는 바람에 사기가 말이 아니었다. 그 도망병
가운데는 한신도 끼어 있었다. 자부심이 대단하던 그가 치속도위
정도로는 도저히 만족할 수 없었던 것이다. 소하는 한신이 도망갔다는

보고를 받자, 황급히 말에 올라 그 뒤를 쫓았다. 그 광경을 본 장수가 소하도 도망가는 줄 알고 유방에게 고했다. 그러자 오른팔을 잃은 듯이 낙담한 유방은 노여움 또한 컸다. 그런데 이틀 후 소하가 돌아왔다. 유방은 말할 수 없이 기뻤지만 노한 얼굴로 도망친 이유를 물었다.

"승상(丞相)이란 자가 도망을 치다니, 대체 어찌된 일이오?"

"도망친 것이 아니라, 도망친 자를 잡으러 갔던 것입니다."

"그래, 누구를?"

"한신입니다."

"뭐, 한신? 이제까지 열 명이 넘는 장군이 도망쳤지만, 경은 그 중 한 사람이라도 뒤쫓은 적이 있소?"

"이제까지 도망친 장군들 따위는 얼마든지 있으나 한신은 '국사무쌍'이라고 할 만한 인물입니다. 전하께서 이 파촉(巴蜀)의 땅만으로 만족하신다면 한신은 필요 없는 인물입니다. 하오나 동방으로 진출해서 천하를 얻는 것이 소망이시라면 한신을 제쳐놓고는 함께 군략을 도모할 인물이 없는 줄로 압니다."

이렇게 소하의 천거로 한신은 대장군이 되었다. 기량을 한껏 발휘할 수 있는 출발점에 서게 되었던 것이다.

群盲撫象 군맹무상

群 : 무리 군 盲 : 소경 맹 撫 : 어루만질 무 象 : 코끼리 상

[동의어] 군맹모상(群盲摸象), 군맹평상(群盲評象)

[출전] <涅槃經>

[풀이] 여러 소경이 코끼리를 어루만진다는 뜻으로, 범인(凡人)은 모든 사물을 자기 주관대로 그릇 판단하거나 그 일부밖에 파악하지 못함을 비유한 말. 또는 범인(凡人)의 좁은 식견을 비유한 말.

인도의 경면왕(鏡面王)이 어느 날 맹인들에게 코끼리라는 동물을 가르쳐 주기 위해 그들을 궁중으로 불렀다. 그리고 신하를 시켜 코끼리를 끌어오게 한 다음 맹인들에게 만져보라고 했다. 그러고 나서 경면왕은 소경들에게 물었다.

"여러분, 이제 코끼리가 어떻게 생겼는지 알겠느냐?"

그러자 소경들은 입을 모아 대답했다.

"예, 알겠습니다."

"그럼, 어디 한 사람씩 말해 보아라."

소경들의 대답은 각기 자기가 만져 본 부위에 따라 다음과 같이 달랐다.

"무와 같습니다." (상아)

"키와 같습니다." (귀)

"돌 같습니다." (머리)

"절구공이 같습니다." (코)

"널빤지와 같습니다." (다리)

"항아리 같습니다." (배)

"새끼줄 같습니다." (꼬리)

이 이야기에 등장하는 코끼리는 석가모니(釋迦牟尼)를 비유한 것이고, 소경들은 밝지 못한 모든 중생(衆生)들을 비유한 것이다. 그리고 모든 중생들이 석가모니를 부분적으로 이해할 수 있다는 것, 즉 그들에게는 각각 석가모니가 따로 있다는 것을 말해 주고 있는 것이다.

君子三樂 군자삼락

君 : 임금 군 子 : 아들 자 三 : 석 삼 樂 : 즐길 락
[원어] 군자유삼락(君子有三樂)
[출전] <孟子> '盡心篇'

[풀이] 군자에게 세 가지의 즐거움이 있다는 말.

춘추전국시대의 철인(哲人)으로서 공자의 사상을 계승 발전시킨 맹자(孟子)는 <맹자(孟子)> '진심편(盡心篇)'에서 이렇게 말했다.

군자에게는 세 가지 즐거움이 있다.
君子有三樂(군자유삼락)

양친이 다 살아 계시고 형제가 무고한 것.
父母具存 兄弟無故(부모구존 형제무고)

하늘을 우러러 부끄럽지 않고 구부려 사람에게 부끄럽지 않은 것.
仰不愧於天 俯不怍於人(앙불괴어천 부부작어인)

천하의 영재를 얻어서 교육하는 것.

得天下英才 而敎育之(득천하영재 이교육지)

한편으로 공자는 <논어(論語)>에서 '손해되는 세 가지 즐거움[損者三樂(손자삼요)]'을 다음과 같이 꼽았다. 교락(驕樂 : 교만, 방자함을 즐김), 일락(逸樂 : 놀기를 즐김), 연락(宴樂 : 주색을 즐김).

捲土重來 권토중래

捲 : 말 권　土 : 흙 토　重 : 무거울·거듭할 중　來 : 올 래

[원어] 권토중래(卷土重來)

[출전] 두목(杜牧)의 시 '題烏江亭'

[풀이] 흙먼지를 말아 일으키며 다시 쳐들어온다는 뜻으로, 한 번 실패한 사람이 힘을 쌓아서 다시 도전한다는 말.

　이 말은 당나라 말기의 시인 두목(杜牧)의 시 <제오강정(題烏江亭)>에 나오는 마지막 구절이다.

　　승패는 병가도 기약할 수 없으니
　　수치를 싸고 부끄럼을 참음이 남아로다
　　강동의 자제 중에는 준재가 많으니
　　'권토중래'는 아직 알 수 없네

　　勝敗兵家不可期(승패병가불가기)
　　包羞忍恥是男兒(포수인치시남아)
　　江東子弟俊才多(강동자제준재다)
　　捲土重來未可知(권토중래미가지)

오강(烏江)은 초패왕(楚霸王) 항우(項羽)가 스스로 목을 쳐서 자결한 곳이다. 한왕 유방(劉邦)과 해하(垓下)에서 펼친 '운명과 흥망을 건 한판 승부[乾坤一擲]'에서 패한 항우는 오강으로 도망가 정장(亭長)으로부터 '강동(江東)으로 돌아가 재기하라'는 권유를 받았다. 그러나 항우는 '8년 전 강동의 8,000여 자제와 함께 떠난 내가 혼자 무슨 면목으로 강을 건너 강동으로 돌아가 그들의 부형을 대할 것인가'라며 파란만장한 31년의 생애를 마쳤던 것이다.

　　항우가 죽은 지 1,000여 년이 지난 어느 날, 두목은 오강의 객사(客舍)에서 일세의 풍운아(風雲兒) ― 단순하고 격한 성격의 항우, 힘은 산을 뽑고 의기는 세상을 덮는 장사 항우, 사면초가(四面楚歌) 속에서 애인 우미인(虞美人)과 헤어질 때 보여 준 인간적인 매력도 있는 항우를 생각했다. 그리고 강동은 준재가 많은 곳이므로 권토중래할 수 있었을 텐데도 그렇게 하지 않고 31세의 젊은 나이로 자결한 항우를 애석히 여기며 이 시를 읊었다. 이 시는 항우를 읊은 시 중에서 가장 잘 알려진 것이다.

　　그러나 당송팔대가(唐宋八大家)의 한 사람인 왕안석(王安石)은 '강동의 자제는 항우를 위해 권토중래하지 않을 것'이라고 읊었고, 사마천(司馬遷)도 그의 저서 <사기(史記)>에서 '항우는 힘을 과신했다'고 쓰고 있다.

錦衣夜行 금의야행

錦 : 비단 금 衣 : 옷 의 夜 : 밤 야 行 : 다닐 행

[동의어] 의금야행(衣錦夜行), 수의야행(繡衣夜行)

[출전] <漢書> '項籍傳', <史記> '項羽本紀'

[풀이] 비단옷을 입고 밤길을 간다는 뜻으로, 아무 보람이 없는 행동을 비유한 말. 또 입신출세(立身出世)하여 고향으로 돌아가지 않음을 비유한 말.

유방(劉邦)에 이어 진(秦)나라의 도읍 함양(咸陽)에 입성한 항우(項羽)는 유방과는 대조적인 행동을 취했다. 우선 유방이 살려 둔 3세 황제 자영(子嬰)을 죽였다. 또 아방궁(阿房宮)에 불을 지르고 석 달 동안 불타는 그 불을 안주 삼아 미녀들을 끼고 승리를 자축했다. 그리고 시황제(始皇帝)의 무덤도 파헤쳤다. 유방이 창고에 봉인해 놓은 엄청난 금은보화(金銀寶貨)도 몽땅 차지했다.

모처럼 제왕(帝王)의 길로 들어선 항우가 이렇듯 무모하게 스스로 그 위신을 무너뜨리려 하자, 모신(謀臣) 범증(范增)이 간곡하게 말렸다. 그러나 항우는 듣지 않았다. 오히려 그는 오랫동안 누벼온 싸움터를 벗어나 고향인 강동(江東)으로 금의환향하고 싶어 했다. 그러자 한생(韓生)이라는 사람이 간했다.

"관중(關中)은 사방이 산과 강으로 둘러싸인 요충지인데다가 땅도 비옥합니다. 그러하오니 이곳에 도읍을 정하시고 천하를 호령하십시오."

그러나 항우의 눈에 비친 곳은 황량한 폐허일 뿐, 그보다는 당장이라도 고향으로 돌아가 성공한 자신을 과시하고 싶었다. 항우는 동쪽 고향 하늘을 바라보며 말했다.

"귀한 몸이 되어 고향으로 돌아가지 않는 것은 '비단옷을 입고 밤길을 가는 것[錦衣夜行]'과 같다. 누가 알아줄 것인가…"

항우가 정착할 뜻이 없다는 것을 안 한생은 항우 앞을 물러나자 이렇게 말했다.

"초(楚)나라 사람은 '원숭이에게 옷을 입히고 갓을 씌워 놓은 것처럼 지혜가 없다'고 하더니 과연 그 말대로군."

이 말을 전해들은 항우는 크게 노하여 당장 한생을 삶아 죽였다고 한다.

[주] '금의야행'에서 '금의주행(錦衣晝行 : 비단옷을 입고 낮 길을 감)', '금의환향(錦衣還鄉 : 출세해서 비단옷을 입고 고향으로 돌아감)'이라는 말이 나왔음.

杞憂 기우

杞 : 나라 이름 기 憂 : 근심 우

[원어] 기인지우(杞人之憂)

[출전] <列子> '天瑞篇'

[풀이] 기(杞)나라 사람의 쓸데없는 걱정이란 뜻으로, 쓸데없는 군걱정, 헛걱정, 무익한 근심을 말함.

중국의 주왕조(周王朝) 시대, 기나라에 쓸데없는 군걱정을 하는 사람이 있었다. '만약 하늘이 무너지거나 땅이 꺼지면 몸 둘 곳이 없지 않은가?' 그는 이런 걱정을 하느라 밤에 잠도 못 이루고 음식도 제대로 먹지 못했다. 그러자 '저러다 죽지 않을까?' 걱정이 된 친구가 그에게 말했다.

"하늘은 기(氣)가 쌓였을 뿐이네. 그래서 기가 없는 곳이 없지. 우리가 몸을 굴신(屈伸)하고 호흡을 하는 것도 늘 하늘 안에서 하고 있다네. 그런데 왜 하늘이 무너져 내린단 말인가?"

"하늘이 과연 기가 쌓인 것이라면 해와 달과 별이 떨어져 내릴 게 아닌가?"

"그것도 역시 쌓인 기 속에서 빛나고 있는 것일 뿐이야. 설령 떨어져 내린다 해도 다칠 염려는 없다네."

"그럼 땅이 꺼지는 일은 없을까?"

"땅은 흙이 쌓였을 뿐일세. 그래서 사방에 흙이 없는 곳이 없지. 우리가 뛰고 구르는 것도 늘 땅 위에서 하고 있다네. 그런데 왜 땅이 꺼진단 말인가? 그러니 이젠 쓸데없는 군걱정은 하지 말게나."

이 말을 듣고서야 그는 비로소 마음을 놓았다고 한다.

騎虎之勢 기호지세

騎 : 말탈 기 虎 : 범 호 之 : 갈 지 勢 : 기세 세
[원어] 기수지세(騎獸之勢) [유사어] 기호난하(騎虎難下)
[출전] <隨書> '獨孤皇后傳'

[풀이] 호랑이를 타고 달리는 기세라는 뜻으로, 도중에서 그만둘 수 없는 형세나 내친걸음을 말함.

중국 남북조(南北朝)시대 말엽, 북조 최후의 왕조인 북주(北周)의 선제(宣帝)가 죽자, 재상 양견(楊堅)이 국사를 총괄했다. 외척이지만 한족(漢族)이었던 그는 예전부터 오랑캐인 선비족(鮮卑族)에게 빼앗긴 이 땅에 한족의 천하를 회복하겠다는 큰 뜻을 품고 때가 오기만을 기다리고 있던 참이었다.

양견이 궁중에서 모반을 꾀하고 있을 때 이미 양견의 뜻을 알고 있는 아내 독고(獨孤) 부인으로부터 전간(傳簡)이 왔다.

"호랑이를 타고 달리는 기세로 도중에서 내릴 수 없는 일입니다[騎虎之勢不得下]. 만약 도중에서 내리면 잡혀 먹힐 것입니다. 그러니 호랑이와 끝까지 가야 합니다. 부디 목적을 달성하십시오."

이에 용기를 얻은 양견은 선제의 뒤를 이어 즉위한 나이 어린 정제(靜帝)를 폐하고 스스로 제위(帝位)에 올라 문제(文帝)라 일컫고 국호를 수(隋)라고 했다. 그로부터 8년 후, 문제는 남조(南朝) 최후의 왕조였던 진(陳)마저 멸하고 마침내 천하를 통일했다.

洛陽紙貴 낙양지귀

洛 : 물이름 락　陽 : 볕 양　紙 : 종이 지　貴 : 귀할 귀

[원어] 낙양지가귀(洛陽紙價貴)

[출전] <晉書> '文苑傳'

[풀이] '낙양의 지가를 올리다'라는 뜻으로, 글의 뛰어남을 말하거나 저서가 호평을 받아 많이 팔리게 됨을 이르는 말.

　중국 진(晉)나라 시대, 제(齊)나라의 도읍 임치(臨淄) 출신의 시인에 좌사(左思)라는 사람이 있었다. 그는 못생긴 데다 말까지 더듬었지만 일단 붓을 잡으면 장려한 시를 썼다. 그는 임치에서 집필 1년 만에 <제도부(齊都賦)>를 탈고하고 도읍 낙양(洛陽)으로 이사한 뒤 삼국시대 촉한(蜀漢)의 도읍 성도(成都), 오(吳)나라의 도읍 건업(建業 : 南京), 위(魏)나라의 도읍 업(鄴)의 풍물을 읊은 <삼도부(三都賦)>를 10년 만에 완성했다. 그러나 알아주는 사람이 없었다.

　그러던 어느 날에 장화(張華)라는 유명한 시인이 <삼도부>를 읽어보고 격찬했다.

　"이것은 반(班)·장(張)의 유(流)이다."

　후한(後漢) 때 <양도부(兩都賦)>를 지은 반고(班固), <이경부(二京賦)>를 쓴 장형(張衡)과 같은 대시인에 비유한 것이다. 그러자 <삼도부>는 낙양의 화제작이 되었고, 고관대작은 물론 모두가 그것을 다투어 베껴 썼다. 그 바람에 '낙양의 종이 값이 올랐다.'고 전한다.

南柯一夢 남가일몽

南 : 남녘 남 柯 : 가지 가 一 : 한 일 夢 : 꿈 몽

[동의어] 남가지몽(南柯之夢) [유사어] 일장춘몽(一場春夢)

[출전] <南柯記>, <異聞集>

[풀이] **남쪽 나뭇가지의 꿈이란 뜻으로, 덧없는 한때의 꿈이나 인생의 덧없음을 비유한 말.**

중국 당(唐)나라시대 9대 황제 덕종(德宗) 때 광릉(廣陵) 땅에 순우분(淳于棼)이란 사람이 있었다. 어느 날 순우분이 술에 취해 집 앞의 큰 홰나무 밑에서 잠이 들었다. 그러자 꿈속에서 남색 관복을 입은 두 사나이가 나타나더니 이렇게 말했다.

"저희는 괴안국왕(槐安國王)의 명을 받고 대인(大人)을 모시러 온 사신입니다."

순우분이 사신을 따라 홰나무 구멍 속으로 들어가자, 국왕이 성문 앞에서 반가이 맞이했다. 순우분은 그곳에서 부마(駙馬)가 되어 영화를 누리다가 남가태수를 제수(除授)받고 부임했다. 남가군(南柯郡)을 다스린 지 20년, 그는 그간의 치적을 인정받아 재상이 되었다. 그러나 때마침 침공해 온 단라국군(檀羅國軍)에게 참패하고 말았다. 설상가상(雪上加霜)으로 아내까지 병으로 죽자 관직을 버리고 상경했다. 얼마 후 국왕은 '천도(遷都)해야 할 조짐이 보인다'며 순우분을 고향으로 돌려보냈다.

잠에서 깨어난 순우분은 꿈이 하도 이상해서 홰나무 뿌리 부분을 살펴보았다. 과연 구멍이 있었다. 그 구멍을 더듬어 가자 넓은 공간에 수많은 개미의 무리가 두 마리의 왕개미를 둘러싸고 있었다. 그곳이 괴안국이었고, 두 마리의 왕개미는 국왕 내외였던 것이다. 또 거기서 '남쪽으로 뻗은 가지(南柯)'에 나 있는 구멍에도 개미떼가 있었는데 그곳이 바로 남가군이었다.

순우분은 개미구멍을 원상대로 고쳐 놓았지만 그날 밤에 큰 비가 내렸다. 이튿날 구멍을 살펴보았으나 개미는 흔적도 없이 사라졌다. '천도해야 할 조짐'이란 바로 이 일이었던 것이다.

囊中之錐 낭중지추

囊 : 주머니 낭 中 : 가운데 중 之 : 갈 지 錐 : 송곳 추

[동의어] 추처낭중(錐處囊中)

[출전] 〈史記〉 '平原君列傳'

[풀이] 주머니 속의 송곳이란 뜻으로, 재능이 뛰어난 사람은 숨어 있어도 남의 눈에 드러난다는 것을 말함.

춘추전국시대 말엽, 진(秦)의 공격을 받은 조(趙)의 혜문왕(惠文王)은 동생이자 재상인 평원군(平原君 : 趙勝)을 초(楚)에 보내어 원군을 청하기로 했다. 20명의 수행원이 필요한 평원군은 그의 3,000여 식객(食客) 중에서 19명은 쉽게 뽑았으나 나머지 한 사람을 뽑지 못해 고심하고 있었다. 이 때 모수(毛遂)라는 식객이 자천(自薦)하고 나섰다.

"나리, 저를 데려가 주십시오."

평원군은 어이없다는 얼굴로 이렇게 물었다.

"그대는 내 집에 온 지 얼마나 되었소?"

"이제 3년이 됩니다."

"재능이 뛰어난 사람은 숨어 있어도 마치 '주머니 속의 송곳[囊中之錐]' 끝이 밖으로 나오듯이 남의 눈에 드러나는 법이오. 그런데 내 집에 온 지 3년이나 되었다는 그대는 지금까지 단 한 번도 드러난 적이 없지 않소?"

"그건 나리께서 저를 단 한 번도 주머니 속에 넣어주시지 않았기 때문이죠. 하지만 이번에 주머니 속에 넣어 주시기만 한다면 끝뿐 아니라 자루[柄]까지 드러내 보이겠습니다."

이 재치 있는 답변에 만족한 평원군은 모수를 수행원으로 뽑았다. 초나라에 도착한 평원군은 모수가 활약한 덕분에 국빈(國賓)으로 환대받으면서 원군도 쉽게 얻을 수 있었다고 한다.

老馬之智 노마지지

老 : 늙을 로 馬 : 말 마 之 : 갈 지 智 : 슬기 지

[동의어] 노마지도(老馬知道)

[출전] <韓非子> '說林篇'

[풀이] 늙은 말의 지혜란 뜻으로, 하찮은 것일지라도 저마다의 재주나 장점을 지니고 있음을 이르는 말.

춘추전국시대, 오패(五霸)의 한 사람이었던 제(齊)나라 환공(桓公) 때의 일이다. 어느 해 봄, 환공은 명재상 관중(管仲)과 대부 습붕(隰朋)을 데리고 고죽국(孤竹國)을 정벌하러 나섰다.

그런데 전쟁이 의외로 길어지는 바람에 그 해 겨울에야 끝이 났다. 그래서 혹한 속에 지름길을 찾아 귀국하다가 길을 잃었다. 전군(全軍)이 진퇴양난(進退兩難)에 빠져 떨고 있을 때 관중이 말했다.

"이런 때 '늙은 말의 지혜[老馬之智]'가 필요하다."

즉시 늙은 말 한 마리를 풀어놓았다. 그리고 전군이 그 뒤를 따라 행군한 지 얼마 안 되어 큰길이 나타났다.

또 한 번은 산길을 행군하다가 식수가 떨어져 전군이 갈증에 시달렸다. 그러자 이번에는 습붕이 말했다.

"개미란 원래 여름엔 산 북쪽에 집을 짓지만 겨울엔 산 남쪽 양지

바른 곳에 집을 짓고 산다. 흙이 한 치쯤 쌓인 개미집이 있으면 그 땅속 일곱 자쯤 되는 곳에 물이 있는 법이다."

군사들이 산을 뒤져 개미집을 찾은 다음 그곳을 파 내려가자 과연 샘물이 솟아났다.

이 이야기에 이어 한비자(韓非子)는 그의 저서 <한비자>에서 이렇게 쓰고 있다.

"관중의 총명과 습붕의 지혜로도 모르는 것은 늙은 말과 개미를 스승으로 삼아 배웠다. 그러나 그것을 수치로 여기지 않았다. 그런데 오늘날 사람들은 자신이 어리석음에도 성현의 지혜를 스승으로 삼아 배우려 하지 않는다. 이것은 잘못된 일이 아닌가."

[주] '노마지지'란 요즈음에도 '경험을 쌓은 사람이 갖춘 지혜'란 뜻으로 흔히 쓰이고 있음.

累卵之危 누란지위

累 : 포갤 루 卵 : 알 란 之 : 갈 지 危 : 위태할 위

[준말] 누란(累卵) [동의어] 위여누란(危如累卵)

[출전] <史記> '范雎列傳'

[풀이] 알을 쌓아 놓은 것처럼 위태로운 형세를 비유한 말.

춘추전국시대, 세 치의 혀[舌] 하나로 제후를 찾아 유세하는 세객(說客)들은 거의 모두 책사(策士)나 모사(謀士)였는데, 그 중에서도 여러 나라를 종횡으로 합쳐서 경륜하려던 책사나 모사를 통틀어 종횡가(縱橫家)라고 일컬었다.

위(魏)나라의 한 가난한 집 아들로 태어난 범저(范雎)도 종횡가를 지향하는 사람이었으나, 이름도 연줄도 없는 그에게 그런 기회가 쉽사리 잡힐 리 없었다. 그래서 우선 제(齊)나라에 사신으로 가는 중대부(中大夫) 수가(須賈)의 종자(從者)가 되어 그를 수행했다. 그런데 제나라에서 수가보다 범저의 인기가 더 좋았다. 그래서 기분이 몹시 상한 수가는 귀국 즉시 재상에게 '범저는 제나라와 내통하고 있다'고 참언(讒言)했다.

범저는 모진 고문을 당한 끝에 거적에 말려서 변소에 버려졌다. 그러나 그는 모사답게 옥졸을 설득, 탈옥한 뒤 후원자인

정안평(鄭安平)의 집에 은거하며 이름을 장록(張祿)이라 바꾸었다. 그리고 망명할 기회만 노리고 있었는데 때마침 진(秦)나라에서 사신이 왔다. 정안평은 은밀히 사신 왕계(王稽)의 숙소를 찾아가 장록을 추천했다. 어렵사리 장록을 진나라에 데려온 왕계는 소양왕(昭襄王)에게 이렇게 소개했다.

"전하, 위나라의 장록 선생은 천하의 외교가입니다. 장록 선생은 진나라의 정치를 평하여 '알을 쌓아 놓은 것처럼 위태롭다[累卵之危]'고 하며 선생을 기용하면 국태민안(國泰民安)할 것이라고 하였습니다."

소양왕은 이 불손한 손님을 당장 내치고 싶었지만, 인재가 아쉬운 전국 시대이므로, 일단 그를 말석에 앉혔다. 그 후 범저(장록)는 '원교근공책(遠交近攻策)'으로 그의 진가를 발휘했다.

能書不擇筆 능서불택필

能 : 능할 능　書 : 글 서　不 : 아니 불　擇 : 가릴 택

筆 : 붓 필

[출전] <唐書> '歐陽詢傳'

[풀이] 글씨를 잘 쓰는 사람은 붓을 가리지 않는다는 뜻으로, 그림을 그리거나 글씨를 쓰는데 종이나 붓 따위의 재료 또는 도구를 가리는 사람이라면 서화의 달인이라고 할 수 없다는 말.

　당나라는 중국 역사상 가장 찬란한 문화를 꽃피웠던 나라 중의 하나였다. 당시 서예의 달인으로는 당초사대가(唐初四大家)로 꼽혔던 우세남(虞世南)·저수량(褚遂良)·유공권(柳公權)·구양순(歐陽詢) 등이 있었다. 그 중에서도 서성(書聖) 왕희지(王羲之)의 서체를 배워 독특하고 힘찬 솔경체(率更體)를 이룬 구양순이 더욱 유명한데 그는 글씨를 쓸 때 붓이나 종이를 가리지 않았다.

　그러나 저수량은 붓이나 먹이 좋지 않으면 글씨를 쓰지 않았다고 한다.

　어느 날에 그 저수량이 우세남에게 물었다.

　"내 글씨와 구양순의 글씨를 비교하면 어느 쪽이 더 낫소?"

　우세남은 이렇게 대답했다.

"구양순은 '붓이나 종이를 가리지 않으면서도[不擇筆紙]' 마음대로 글씨를 쓸 수 있었다[能書]고 하오. 그러니 그대는 아무래도 구양순을 따르지 못할 것 같소."

이 말에는 저수량도 두 손을 들었다고 한다.

또 '능서불택필'은 <왕긍당필진(王肯堂筆塵)>과 주현종(周顯宗)의 <논서(論書)>에 각각 다음과 같이 나와 있다.

"글씨를 잘 쓰는 사람은 붓을 가리지 않는다고 하지만 이 속설은 구양순까지이고, 그 이후의 사람들은 붓이나 종이를 문젯거리로 삼게 되었다."

"글씨를 잘 쓰는 사람은 붓을 가리지 않는다는 말이 있지만, 이는 통설이라고 할 수 없다. 행서(行書)와 초서(草書)를 제외한 해서(楷書)·전서(篆書)·예서(隷書)를 쓰는 경우는 붓에 따라 결과가 달라지기 때문에 붓을 가리지 않을 수 없다."

多岐亡羊 다기망양

多 : 많을 다　岐 : 갈림길 기　亡 : 잃을 망　羊 : 양 양

[동의어] 망양지탄(亡羊之歎) [유사어] 독서망양(讀書亡羊)

[출전] <列子> '說符篇'

[풀이] 달아난 양을 찾는데 길이 여러 갈래로 갈려서 양을 잃었다는 뜻으로, 학문의 길이 다방면으로 갈려 진리를 찾기 어려움을 비유한 말. 또는 방침이 많아 갈 바를 모름을 뜻함.

　중국 춘추전국시대의 사상가로 극단적인 개인주의를 주장했던 양자(楊子)와 관계되는 이야기이다.

　어느 날 양자의 이웃집 양 한 마리가 달아났다. 그래서 그 집 사람들은 물론 양자네 집 하인들까지 청해서 양을 찾아 나섰다. 하도 소란스러워서 양자가 물었다.

　"양 한 마리 찾는데 왜 그리 많은 사람이 나섰느냐?"

　양자의 하인이 대답했다.

　"예, 양이 달아난 그 쪽에는 갈림길이 많기 때문입니다.

　얼마 후 모두들 지쳐서 돌아왔다.

　"그래, 양은 찾았느냐?"

　"갈림길이 하도 많아서 그냥 되돌아오고 말았습니다."

"그러면 양을 못 찾았단 말이냐?"

"예, 갈림길에 또 갈림길이 있는지라 양이 어디로 달아났는지 통 알 길이 없었습니다."

이 말을 듣자 양자는 어두운 얼굴로 그날 하루 종일 아무 말도 하지 않았다. 제자들이 그 까닭을 물어도 대답조차 하지 않았다. 그래서 우울한 나날을 보내던 어느 날에 한 현명한 제자가 선배를 찾아가 사실을 말하고 스승인 양자가 침묵하는 까닭을 물었다. 그 선배는 이렇게 대답했다.

"선생님은 '큰길에는 갈림길이 많기 때문에 양을 잃어버리고, 학자는 다방면으로 배우기 때문에 본성을 잃는다. 학문은 원래 근본은 하나였는데 그 끝에 와서 이같이 달라지고 말았다. 그러므로 하나인 근본으로 되돌아가면 얻는 것도 잃는 것도 없다'고 생각하시고 그렇지 못한 현실을 안타까워하시는 것이라네."

多多益善 다다익선

多 : 많을 다 益 : 더할 익 善 : 착할·좋을 선

[동의어] 다다익판(多多益瓣)

[출전] <史記> '淮陰侯列傳'

[풀이] 많으면 많을수록 좋다는 뜻.

한(漢)나라 고조 유방(劉邦)은 명장으로서 천하통일의 일등 공신인 초왕(楚王) 한신(韓信)을 위험한 존재로 여겼다. 그래서 계략을 써 그를 포박한 후 회음후(淮陰侯)로 좌천시키고 도읍 장안(長安)을 벗어나지 못하게 했다.

어느 날, 고조는 한신과 여러 장군들의 능력에 대해서 이야기를 나누던 끝에 이렇게 물었다.

"과인은 과연 몇 만의 군사를 통솔할 수 있는 장수감이라고 생각하시오?"

"아뢰옵기 황공하오나 폐하께서는 한 10만쯤 거느릴 수 있으실 것으로 생각합니다."

"그렇다면 그대는?"

"예, 신(臣)은 '다다익선'입니다."

"다다익선? 하하하….."

고조는 한바탕 웃고 나서 물었다.

"다다익선이란 그대가 어찌하여 10만의 장수감에 불과한 과인의 포로가 되었는고?"

한신은 이렇게 대답했다.

"하오나 폐하, 그것은 별개의 문제입니다. 폐하께서는 병사의 장수가 아니라 장수의 장수이십니다. 이것이 신이 폐하의 포로가 된 이유의 전부입니다."

斷腸 단장

斷 : 끊을 단 腸 : 창자 장

[유사어] 구회지장(九回之腸)

[출전] <世說新語> '黜免', 채염(蔡琰)의 '胡笳歌(호가가)'

[풀이] 창자가 끊어졌다는 뜻으로, 창자가 끊어질 듯한 슬픔을 말함.

진(晉 : 東晉)나라의 환온(桓溫)이 촉(蜀) 땅을 정벌하기 위해 여러 척의 배에 군사를 나누어 싣고 양자강 중류의 협곡인 삼협(三峽)을 통과할 때 있었던 일이다.

환온의 부하 하나가 원숭이 새끼 한 마리를 붙잡아서 배에 실었다. 어미 원숭이가 뒤따라왔으나 물 때문에 배에는 오르지 못하고 강가에서 슬피 울부짖었다. 배가 출발하자, 어미 원숭이는 강가에 병풍처럼 펼쳐진 벼랑도 아랑곳 않고 필사적으로 배를 쫓아왔다. 배는 100여 리쯤 나아간 뒤 강기슭에 닿았다. 어미 원숭이는 서슴없이 배에 뛰어올랐으나 그대로 죽고 말았다.

그 어미 원숭이의 배를 갈라 보니 너무나 애통한 나머지 창자가 토막토막 끊어져[단장(斷腸)] 있었다. 이 사실을 안 환온은 크게 노하여 원숭이 새끼를 잡아 배에 실은 그 부하를 매질한 다음 내쫓아버렸다고 한다.

[주] **삼협** : 사천(四川)·호북(湖北) 두 성(省)의 경계에 있는 양자강(揚子江) 중류의 세 협곡(峽谷). 곧 구당협(瞿塘峽)·무협(巫峽)·서릉협(西陵峽)을 이름. 예로부터 유명한 경승지(景勝地)로 현재 큰 댐을 건설하는 공사가 진행 중에 있음.

螳螂拒轍 당랑거철

螳:당 螂:사마귀 랑 拒:막을 거 轍:바퀴자국 철
[동의어] 당랑지부(螳螂之斧), 당랑당거철(螳螂當車轍)
[출전] <韓語外傳> '卷八', <文選>

[풀이] 사마귀[螳螂]가 앞발을 들고 수레바퀴를 가로막는다는 뜻으로, 미약한 제 분수도 모르고 강적에게 항거하거나 덤벼드는 무모한 행동을 비유한 말.

　<한시외전(韓詩外傳)> '권팔(卷八)'에는 다음과 같은 이야기가 실려 있다.

　춘추전국시대, 제(齊)나라 장공(莊公) 때의 일이다. 어느 날, 장공이 수레를 타고 사냥터로 가던 도중 웬 벌레 한 마리가 앞발을 '도끼처럼 휘두르며[螳螂之斧]' 수레바퀴를 칠 듯이 덤벼드는 것을 보았다.

　"허, 맹랑한 놈이군. 저건 무슨 벌레인가?"

　장공이 묻자, 수레를 호종하던 신하가 대답했다.

　"사마귀라는 벌레입니다. 앞으로 나아갈 줄만 알지 물러설 줄은 모르는 놈인데, 제 힘도 생각지 않고 강적에게 마구 덤벼드는 버릇이 있습니다."

　장공은 고개를 끄덕이고 이렇게 말했다.

"저 벌레가 인간이라면 틀림없이 천하무적의 용사가 되었을 것이다. 비록 미물이지만 그 용기가 가상하니, 수레를 돌려 피해가도록 하라."

[주] <한시외전>에서의 '당랑지부(螳螂之斧)'는 사마귀가 먹이를 공격할 때에 앞발을 머리 위로 추켜든 모습이 마치 도끼를 휘두르는 모습과 흡사한 데서 온 말이나 '당랑거철'과 같은 뜻으로 쓰임.

<문선(文選)>에 보면 '당랑거철'은 옛 중국이 삼국시대(三國時代)로 접어들기 직전, 진림(陳琳)이란 사람이 유비(劉備) 등 군웅(群雄)에게 띄운 격문(檄文)에도 나온다.

"조조(曹操)는 이미 덕을 잃은 만큼 의지할 인물이 못된다. 그러니 모두 원소(袁紹)와 더불어 천하의 대의를 도모함이 마땅할 것이다. … 지금 열악한 조조의 군사는 마치 '사마귀가 제 분수도 모르고 앞발을 휘두르며 거대한 수레바퀴를 막으려 하는 것[螳螂拒轍]'과 조금도 다를 바 없다…."

大器晩成 대기만성

大 : 클 대 器 : 그릇 기 晩 : 늦을 만 成 : 이룰 성
[동의어] 대기난성(大器難成) [유사어] 대재만성(大才晩成)
[출전] <三國志> '魏志 崔琰傳', <後漢書> '馬援傳'

[풀이] 큰 그릇은 늦게 만들어진다는 뜻으로, 크게 될 사람은 늦게 이루어짐을 말함. 만년(晩年)이 되어 성공하는 일. 과거에 낙방한 선비를 위로하여 이르던 말.

옛 중국의 삼국시대, 위(魏)나라에 최염(崔琰)이란 풍채 좋은 유명한 장군이 있었다. 그러나 그의 사촌 동생인 최림(崔林)은 외모가 시원치 않아서인지 출세를 못 하고 일가친척들한테서도 멸시를 당했다. 하지만 최염은 최림의 인물됨을 꿰뚫어 보고는 이렇게 말했다.

"큰 종(鐘)이나 솥은 그렇게 쉽사리 만들어지는 게 아니네. 그와 마찬가지로 큰 인물도 대성하기까지는 오랜 시간이 걸리지. 자네도 그처럼 '대기만성'하는 그런 형이야. 두고 보세. 틀림없이 큰 인물이 될 테니…"

과연 그 말대로 최림은 마침내 천자(天子)를 보좌하는 삼공(三公) 중의 한 사람이 되었다.

옛 중국의 후한을 세운 광무제(光武帝)때 마원(馬援)이란 명장이 있었다. 그는 변방의 관리로 출발하여 복파장군(伏波將軍)까지 된 인물인데, 복파장군이란 전한(前漢) 이후 큰 공을 세운 장군에게만 주어지는 칭호였다.

마원이 생전 처음 지방 관리가 되어 부임을 앞두고 형인 최황(崔況)을 찾아가자, 그는 이렇게 충고했다.

"자네는 이른 바 '대기만성' 형일세. 솜씨 좋은 대목이 산에서 막 베어낸 거친 원목을 시간과 노력을 들여 좋은 재목으로 다듬어내듯이 자네의 재능을 살려 꾸준히 노력하면 큰 인물이 될 것이네. 부디 자중(自重)하게."

<노자(老子)>에도 '큰 네모[四角]는 모서리가 없으며, 큰 그릇은 늦게 만들어진다[大方無隅 大器晚成]'는 말이 있다. 큰 인물은 짧은 시간에 만들어지는 것이 아니라는 말이다.

大義滅親 대의멸친

大 : 클 대 義 : 옳을 의 滅 : 멸할 멸 親 : 친할 친

[출전] <春秋左氏傳> '隱公三·四年條'

[풀이] 대의를 위해서는 친족도 멸한다는 뜻으로, 국가나 사회의 대의를 위해서는 부모형제의 정도 돌보지 않는다는 말.

춘추전국시대인 주(周)나라 환왕(桓王) 원년(元年)의 일이다. 위(衛)나라에서는 공자(公子) 주우(州吁)가 환공(桓公)을 시해하고 스스로 군후의 자리에 올랐다. 환공과 주우는 이복 형제간으로서 둘 다 후궁의 소생이었다.

선군(先君) 장공(莊公) 때부터 충의지사로 이름난 대부 석작(石碏)은 일찍이 주우에게 역심(逆心)이 있음을 알고 아들인 석후(石厚)에게 주우와 절교하라고 했으나 듣지 않았다. 석작은 환공의 시대가 되자 은퇴했다. 그 후 얼마 안 되어 석작이 우려했던 주우의 반역이 현실로 나타난 것이다.

반역은 일단 성공했으나 백성과 귀족들로부터의 반응이 좋지 않자 석후는 아버지 석작에게 그에 대한 해결책을 물었다. 석작은 이렇게 대답했다.

"역시 천하의 종실(宗室)인 주왕실을 예방하여 천자(天子)를 배알(拜謁)하고 승인을 받는 게 좋을 것이다."

"어떻게 하면 천자를 배알할 수 있을까요?"

"먼저 주왕실과 각별한 사이인 진(陳)나라 진공(陳公)을 통해서 청원하도록 해라. 그러면 진공께서 선처해 주실 것이다."

이리하여 주우와 석후가 진나라로 떠나자, 석작은 진공에게 밀사를 보내어 이렇게 고하도록 일렀다.

"바라옵건대, 주군(主君)을 시해한 주우와 석후를 잡아 죽여 대의를 바로잡아 주십시오."

진나라에서는 그들 두 사람을 잡아 가둔 다음 위나라에서 파견한 입회관이 지켜보는 가운데 처형했다고 한다.

度外視 도외시

度 : 법도 도 外 : 바깥 외 視 : 볼 시

[유사어] 치지도외(置之度外)

[출전] <後漢書> '光武記'

[풀이] 안중에 두지 않고 무시해버리거나 문제 삼지 않음을 뜻함. 또는 불문에 붙임을 말함.

중국 후한의 시조 광무제(光武帝)때의 일이다. 광무제 유수(劉秀)는 한(漢 : 前漢)나라를 빼앗아 신(新)나라를 세운 왕망(王莽)을 멸하고 유현(劉玄)을 세워 황제로 삼고 한나라를 재흥했다.

대사마(大司馬)가 된 유수는 그 후 동마(銅馬)·적미(赤眉) 등의 반란군을 무찌르고 부하들에게 추대되어 제위에 올랐으나 천하통일에의 싸움은 여전히 계속되었다. 이윽고 제(齊)와 강회(江淮)가 평정되자, 중원(中原)은 거의 광무제의 세력권으로 들어왔다. 그러나 벽지인 진(秦)에 웅거하는 외효(隗囂)와 역시 산간오지인 촉(蜀)의 성도(成都)에 거점을 둔 공손술(公孫述)만은 항복해 오지 않았다.

중신들은 계속 이 두 반군의 토벌을 진언했다. 그러나 광무제는 이렇게 말하며 듣지 않았다.

"이미 중원은 평정했으니 그들은 '문제시할 것 없소[度外視]."

광무제는 그간 함께 많은 고생을 한 병사들을 하루 속히 고향으로 돌려보내어 쉬게 해주고 싶었던 것이다.

道聽塗說 도청도설

道 : 길 도　聽 : 들을 청　塗 : 길 도　說 : 말씀 설
[유사어] 가담항설(街談巷說), 유언비어(流言蜚語)
[출전] <論語> '陽貨篇', <漢書> '藝文志', <荀子> '勸學篇'

[풀이] 길에서 듣고 길에서 말한다는 뜻으로, 설들은 말을 곧바로 다른 사람에게 옮기거나 길거리에 떠돌아다니는 뜬소문을 말함.

　공자의 언행을 기록한 <논어(論語)> '양화편(陽貨篇)'에는 이런 글이 실려 있다.

　"'길에서 듣고 길에서 말하는 것[道聽塗說]'은 덕을 버리는 것과 같다[德之棄也]."

　길거리에서 들은 좋은 말[道聽]을 마음에 간직하여 자기 수양의 양식으로 삼지 않고, 길거리에서 바로 다른 사람에게 말해 버리는 것[塗說]은 스스로 덕을 버리는 것과 같은 것이다. 좋은 말은 마음에 간직하고 자기 것으로 하지 않으면 덕을 쌓을 수 없다는 말이다.

　수신제가치국평천하(修身齊家治國平天下)하고, 하늘의 도리를 지상(地上)에서 행하는 것을 이상으로 삼았던 공자는, 그러기 위해서는 각자가 스스로 억제하고 인덕(仁德)을 쌓으며 실천해 나가야 한다고 가르쳤다. 그리고 덕을 쌓기 위해서는 끊임없는 노력이 필요하다고

<논어>에서 이르고 있다.

후한시대, 반고(班固)가 엮은 <한서(漢書)> '예문지(藝文志)'에는 이렇게 적혀 있다.

"대체로 소설이란 것의 기원은 임금이 하층민의 풍속을 알기 위해 하급 관리에게 명하여 서술토록 한 데서 비롯되었다. 즉 세상 이야기라든가 길거리의 뜬소문은 '길에서 듣고 길에서 말하는[道聽塗說] 무리가 지어낸 것이다."

소설이란 말은 이런 의미에서 본다면 원래는 '패관(稗官 : 하급 관리) 소설'이라고 일컬었으나 나중에 그냥 '소설'이라고 일컫게 되었다.

<순자(荀子)> '권학편(權學篇)'에는 다언(多言)을 이렇게 훈계하고 있다.

"'소인배의 학문은 귀로 들어가 곧바로 입으로 흘러나오고[口耳之學] 마음속에 새겨 두려고 하지 않는다. '귀와 입 사이는 불과 네 치[口耳四寸]' 이처럼 짧은 거리를 지날 뿐이라면 어찌 일곱 자[七尺] 몸을 훌륭하게 닦을 수 있겠는가.

옛날에 학문을 한 사람은 자신을 닦기 위해 노력했지만, 요즈음 사람들은 배운 것을 금방 다른 사람에게 고하고 자기를 위해 마음속에 새겨 두려고 하지 않는다. 군자의 학문은 자기 자신을 아름답게 하지만 소인배의 학문은 인간을 못 쓰게 망쳐 버린다. 그래서 묻지 않은 말도 입 밖에 낸다. 이것을 '잔소리'라 하며, 하나를 묻는데 둘을 말하는 것을 '수다[饒舌]'라고 한다. 둘 다 잘못되어 있다. 참된 군자(君子)는 묻는 말에만 대답하고 묻지 않으면 말하지 않는 것이다."

어느 세상에나 오른쪽 귀로 들은 것을 왼쪽 사람에게 털어놓는 수다쟁이 정보통이 많이 있다. 더구나 그 정보는 입에서 입으로 전해지는 사이에 점점 꼬리를 끌게 마련이다. '이런 무리는 해가 될 뿐'이라며 공자, 순자는 경계하고 있다.

同病相憐 동병상련

同 : 같을 동　病 : 병 병　相 : 서로 상　憐 : 가엾을 련

[유사어] 동우상구(同憂相救), 유유상종(類類相從)

[출전] 〈吳越春秋〉 '闔閭內傳'

[풀이] 같은 병을 앓는 사람끼리 서로 가엽게 여긴다는 뜻으로, 어려운 처지에 있는 사람끼리 서로 딱하게 여겨 동정하고 돕는다는 말.

중국 춘추전국시대인 기원전 515년, 오(吳)나라의 공자 광(光)은 사촌 동생인 오왕 요(僚)를 시해한 뒤 오왕 합려(闔閭)라 일컫고, 자객을 천거하는 등 반란에 적극 협조한 오자서(伍子胥)를 중용했다.

오자서는 7년 전 초나라의 태자소부(太子少傅) 비무기(費無忌)의 모함으로 태자태부(太子太傅)로 있던 아버지와 역시 관리였던 맏형이 처형당하자, 복수의 화신이 되어 오나라로 피신해 온 망명객이었다. 그가 반란에 적극 협조한 것도 실은 유능한 광[합려]이 왕위에 오름으로써 부형(父兄)의 원수를 갚을 수 있는 초나라 공략의 길이 열릴 것으로 믿었기 때문이다.

그 해 또 비무기의 모함으로 아버지를 잃은 백비(伯嚭)가 오나라로 피신해 오자, 오자서는 그를 오왕 합려에게 천거하여 대부(大夫) 벼슬에 오르게 했다. 이 사실이 알려지자, 오자서는 대부 피리(被離)에게 힐난을 받았다.

"백비의 눈길은 매와 같고 걸음걸이는 호랑이와 같으니[鷹視虎步], 이는 필시 살인할 악상(惡相)이오. 그런데 귀공은 무슨 까닭으로 그런 인물을 천거하였소?"

피리의 말이 끝나자 오자서는 이렇게 대답했다.

"뭐 별다른 까닭은 없소이다. 하상가(河上歌)에도 '동병상련' '동우상구(同憂相救)'란 말이 있듯이 나와 같은 처지에 있는 백비를 돕는 것은 인지상정(人之常情)이지요."

그로부터 9년 후 합려가 초나라를 공략, 대승함으로써 오자서와 백비는 마침내 부형의 원수를 갚을 수 있었다. 그러나 그 후 오자서는 불행히도 피리의 예언대로 월(越)나라에 매수된 백비의 모함에 빠져 분사(憤死)하고 말았다.

董狐之筆 동호지필

董 : 동독할 동 狐 : 여우 호 之 : 갈 지 筆 : 붓 필

[동의어] 태사지간(太史之簡)

[출전] <春秋左氏傳> '宣公二年條'

[풀이] '동호의 직필(直筆)'이라는 뜻으로, 기록을 맡은 이가 직필하여 조금도 거리낌이 없음을 이름. 또 권세를 두려워하지 않고 사실을 그대로 적어 역사에 남기는 일.

춘추전국시대, 진(晉)나라에 있었던 일이다. 대신인 조천(趙穿)이 무도한 영공(靈公)을 시해했다. 당시 재상격인 정경(正卿) 조순(趙盾)은 영공이 시해되기 며칠 전에 그의 해학을 피해 망명길에 올랐으나 국경을 넘기 직전에 이 소식을 듣고 도읍으로 돌아왔다. 그러자 사관(史官)인 동호(董狐)가 공식 기록에 이렇게 적었다.

'조순, 그 군주를 시해하다.'

조순이 이 기록을 보고 항의하자, 동호는 이렇게 말했다.

"물론, 대감이 분명히 하수인은 아닙니다. 그러나 대감은 당시 국내에 있었고, 또 도읍으로 돌아와서도 범인을 처벌하거나 처벌하려하지도 않았습니다. 그래서 대감은 공식적으로는 시해자(弑害者)가 되는 것입니다."

조순은 그것을 도리라 생각하고 그대로 뒤집어쓰고 말았다. 훗날 공자는 이 일에 대해 이렇게 말했다.

"동호는 훌륭한 사관이었다. 법을 지켜 올곧게 직필했다. 조선자(趙宣子 : 조순)도 훌륭한 대신이었다. 법을 바로잡기 위해 오명을 감수했다. 유감스러운 일이다. 국경을 넘어 외국에 있었더라면 책임은 면했을 텐데…"

得隴望蜀 득롱망촉

得 : 얻을 득 隴 : 땅이름 롱 望 : 바랄 망 蜀 : 나라 촉

[준말] 망촉(望蜀) [동의어] 평롱망촉(平隴望蜀) 등

[출전] <後漢書> '光武記', <獻帝記>, <三國志> '魏志'

[풀이] 농을 얻고 나니 촉을 갖고 싶다는 뜻으로, 인간의 욕심은 끝이 없음을 이르거나 한 가지 소원을 이룬 다음 또다시 다른 소원을 이루고자 함을 비유함. 또는 만족할 줄 모름을 말함.

옛 중국의 후한을 세운 광무제 유수(劉秀)가 처음으로 낙양에 입성하여 이를 도읍으로 삼았을 무렵의 일이다.

당시 전한의 도읍 장안을 점거한 적미지적(赤眉之賊)의 유분자(劉盆子)를 비롯하여 농서(隴書 : 감숙성)에 외효(隗囂), 촉(蜀 : 사천성)에 공손술(公孫述), 수양(睢陽 : 하남성)에 유영(劉永), 노강(盧江 : 안휘성)에 이헌(李憲), 임치(臨淄 : 산동성)에 장보(張步) 등이 할거하고 있었는데 그 중 유분자·유양·이헌·공손술 등은 저마다 황제를 일컫는 세력으로까지 발전하게 되었다. 그러나 그 후 외효와 공손술을 제외하고는 모두 광무제에게 토벌되었다. 외효는 광무제와 수호(修好)하고 서주상장군(西州上將軍)이란 칭호까지 받았으나 광무제의 세력이 커지자, 촉 땅의 공손술과 손잡고 대항하려 했다. 그러나 이미 성(成)나라를 세우고 황제를 참칭(僭稱)하는 공손술은 외효의 사신을 냉대하여 그냥 돌려보냈다. 이에 실망한 외효는 생각을 바꾸어 광무제와 수호를 강화하려 했으나 광무제가 신하가 될 것을 강요했으므로 외효의 양다리 외교는 결국 실패로 끝나고 말았다.

건무(建武) 9년, 광무제와 대립 상태에 있던 외효가 병으로 죽자, 이듬해 그의 아들 외구순(隗寇恂)이 항복했다. 따라서 농서 역시 광무제의 손에 들어왔다. 이때 광무제는 이렇게 말했다.

"인간은 만족할 줄 모른다더니 이미 농을 얻고도 다시 촉을 바라는구나[得隴望蜀]."

그로부터 4년 후인 건무 13년, 광무제는 대군을 이끌고 촉을 쳐 격파하고 천하통일의 숙원을 이루었다.

광무제 때로부터 약 200년 후인 후한 헌제(獻帝) 말, 즉 삼국시대가 개막되기 직전의 일이다. 헌제 20년, 촉을 차지한 유비(劉備)가 강남의 손권(孫權)과 천하대사를 논하고 있을 때 조조(曹操)는 단숨에 한중(漢中 : 섬서성 서남쪽 한강 북안의 땅)을 석권하고 농(隴) 땅을 수중에 넣었다. 이때 조조의 명장(名將) 사마의[司馬懿 : 진(晉)나라를 세운 사마염(司馬炎)의 할아버지]가 진언했다.

"여기서 조금만 더 진격하면 유비의 촉도 쉽게 얻으실 수 있을 것이옵니다."

그러자 조조는 이렇게 말했다.

"인간이란 만족할 줄 모른다고 하지만, 이미 농을 얻었으니 촉까지 바라지 않소."

이리하여 거기서 진격을 멈춘 조조는 헌제 23년에 한중으로 진격해 온 유비의 촉군(蜀軍)과 수개월에 걸친 공방전을 벌이다가 결국 '계륵(鷄肋)'이란 말을 남기고 철수하고 말았다.

登龍門 등용문

登 : 오를 등 龍 : 용 룡 門 : 문 문
[반의어] 점액(點額), 용문점액(龍門點額)
[출전] <後漢書> '李應傳'

[풀이] 용문에 오른다는 뜻으로, 입신출세의 관문을 일컫는 말. 또 영달(榮達)이나 주요한 시험을 비유한 말. 유력자를 만나는 일을 말함.

용문(龍門)은 중국 황하(黃河) 상류의 산서성(山西省)과 섬서성(陝西省)의 경계에 있는 협곡의 이름인데 이곳을 흐르는 여울은 어찌나 세차고 빠른지 큰 물고기도 여간해서 거슬러 올라가지 못한다고 한다. 그러나 일단 오르기만 하면 그 물고기는 용이 된다는 전설이 있다. 따라서 '용문에 오른다'는 것은 극한의 난관을 돌파하고 약진의 기회를 얻는다는 말인데 중국에서는 진사(進士) 시험에 합격하는 것이 입신출세의 제일보라는 뜻으로 '등용문'이라 했다.

'등용문'에 반대되는 말을 '점액(點額)'이라 한다. '점(點)'은 '상처를 입는다'는 뜻이고 '액(額)'은 이마인데 용문에 오르려고 급류에 도전하다가 바위에 이마를 부딪쳐 상처를 입고 하류로 떠내려가는 물고기를 말한다. 즉 출세 경쟁에서의 패배자, 중요 시험에서의 낙방된 사람을 가리킨다.

중국 후한(後漢) 말, 환제(桓帝)때 정의파 관료의 지도적 인물에 이응(李膺)이라는 사람이 있었다. 그는 청주자사(靑州刺史)·촉군태수(蜀郡太守)·탁료장군(度遼將軍)을 거쳐서 하남윤(河南尹 : 하남 지방의 장관)으로 승진했을 때 환관의 미움을 받아 투옥되었다. 그러나 그 후 유력자의 추천으로 사예교위(司隷校尉 : 경찰청장)가 되어 악랄한 환관 세력과 맞서 싸웠다. 그러자 그의 명성은 나날이 올라갔다. 태학(太學)의 청년 학생들은 그를 경모하여 '천하의 본보기는 이응'이라 평했으며 신진 관료들도 그의 추천을 받는 것을 최고의 명예로 알고, 이를 '등용문'이라 일컬었다.

磨斧作針 마부작침

磨 : 갈 마　斧 : 도끼 부　作 : 지을 작　針 : 바늘 침
[동의어] 철저성침[鐵杵成針]　[유사어] 우공이산(愚公移山)
[출전] <唐書> '文藝(苑)傳', <方輿勝覽>

[풀이] 도끼를 갈아서 바늘을 만든다는 뜻으로, 아무리 어려운 일이라도 참고 계속하면 언젠가는 반드시 성공한다는 말. 또 노력을 거듭해서 목적을 달성함, 끈기 있게 학문이나 일에 힘씀을 비유한 말.

　시선(詩仙)으로 불리던 중국 당나라시대의 시인 이백[李白 : 자는 태백(太白)]의 어렸을 때의 이야기이다. 이백은 아버지의 임지인 촉(蜀) 땅의 성도(成都)에서 자랐다. 그때 훌륭한 스승을 찾아 상의산(象宜山)에 들어가 수학(修學)했는데, 어느 날 공부에 싫증이 나서 스승에게 말도 없이 산을 내려오고 말았다. 집을 향해 걷고 있던 이백이 계곡을 흐르는 냇가에 이르자, 한 노파가 바위에 열심히 도끼(일설에는 쇠공이[鐵杵])를 갈고 있었다.

　"할머니, 지금 뭘 하고 계세요?"
　"바늘을 만들려고 도끼를 갈고 있다[磨斧作針]."
　"그렇게 큰 도끼가 간다고 바늘이 될까요?"

"그럼, 되고 말고. 중도에 그만두지만 않는다면…."

이백은 '중도에 그만두지만 않는다면'이란 말이 마음에 걸렸다. 여기서 생각을 바꾼 그는 노파에게 공손히 인사하고 다시 산으로 올라갔다. 그 후 이백은 마음이 해이해지면 바늘을 만들려고 열심히 도끼를 갈고 있던 그 노파의 모습을 떠올리며 분발했다고 한다.

馬耳東風 마이동풍

馬 : 말 마 耳 : 귀 이 東 : 동녘 동 風 : 바람 풍

[유사어] 우이독경(牛耳讀經), 오불관언(吾不關焉)

[출전] <李太白集> '券十八'

[풀이] 말의 귀에 동풍(東風 : 春風)이 불어도 전혀 느끼지 못한다는 뜻으로, 남의 말을 귀담아 듣지 않고 그대로 흘려버림을 비유함. 또는 무슨 말을 들어도 전혀 느끼지 못하거나 남의 일에 상관하지 않음을 비유한 말.

당나라의 시인 이백(李白)이 벗 왕십이(王十二)로부터 '한야독작유회[寒夜獨酌有懷(추운 방에 홀로 술잔을 기울이며 느낀 바 있어서)]'라는 시 한 수를 받자, 이에 답하여 '답왕십이한야독작유회(答王十二寒夜獨酌有懷)'라고 하는 시를 보냈는데 '마이동풍'은 마지막 구절에 나온다. 장시(長詩)인 이 시에서 이백은 "우리 시인들이 아무리 좋은 시를 지어도 세상 속물들은 그것을 알아주지 않는다"며 울분을 터뜨리고 다음과 같이 맺고 있다.

세인들은 이 말을 듣고 모두 머리를 흔드네
마치 동풍에 쏘인 말의 귀처럼

世人聞此皆掉頭(세인문차개도두)

有如東風射馬耳(유여동풍사마이)

[주] 동풍은 봄바람의 뜻으로, 그 동풍이 말의 귀를 쏘아(스쳐) 봤자 아프지도 가렵지도 않을 것임. 즉 세인들이 시인의 말이나 걸작에 기울이는 관심도가 그 정도로 낮다 - 무관심하다고 이백은 비분(悲憤)하고 있는 것이다.

輓歌 만가

輓 : 수레끌 만 歌 : 노래 가
[출전] <古今注> '音樂篇', <晉書> '禮志篇', <古詩源> '薤露歌'
'蒿里曲'

[풀이] 상여를 메고 갈 때 부르는 노래. 죽은 사람을 애도하는 노래.

한(漢)나라 고조 유방(劉邦)이 즉위하기 직전의 일이다. 한나라 창업
삼걸(三傑) 중 한 사람인 한신(韓信)에게 급습당한 제왕(齊王) 전횡
(田橫)은 그 분풀이로 유방이 보낸 세객(說客) 역이기(酈食其)를 삶아
죽여 버렸다. 이윽고 고조가 즉위하자, 보복을 두려워한 전횡은 500여
명의 부하와 함께 발해만(渤海灣)에 있는 지금의 전횡도(田橫島)로
도망갔다.

그 후 고조는 전횡이 반란을 일으킬까 우려하여 그를 용서하고
불렀다. 전횡은 일단 부름에 응했으나, 낙양을 30여 리 앞두고
스스로 목을 찔러 자결하고 말았다. 포로가 되어 고조를 섬기는
것이 부끄러웠기 때문이다. 전횡의 목을 고조에게 전한 두 부하를
비롯해서 섬에 남아 있던 500여 명도 전횡의 절개를 경모하여 모두
순사(殉死)했다.

그 무렵에 전횡의 문인(門人)이 해로가(薤露歌)·호리곡(蒿里曲)이라는

두 장(章)의 상가(喪歌)를 지었는데 전횡이 자결하자, 그 죽음을 애도하여 노래했다.

부추 잎의 이슬은 어찌 그리 쉽게 마르는가
이슬은 말라도 내일 아침 다시 내리지만
사람은 죽어 한 번 가면 언제 다시 돌아오나
薤上朝露何易晞(해상조로하이희)
露晞明朝更復落(노희명조갱부락)
人死一去何時歸(인사일거하시귀)   ― 해로가

호리는 뉘 집터인고
혼백을 거둘 땐 잘나고 못남이 없네
귀백은 어찌 그리 재촉하는가
인명은 잠시도 머뭇거리지 못하네
蒿里誰家地(호리수가지)
聚斂魂魄無賢愚(취렴혼백무현우)
鬼伯一何相催促(귀백일하상최촉)
人命不得少踟躕(인명부득소지주)   ― 호리곡

이 두 상가(喪歌)는 그 후 7대 황제인 무제(武帝) 때에 악부(樂府) 총재인 이연년(李延年)에 의해 작곡되어 해로가는 공경귀인(公卿貴人), 호리곡은 사부서인(士夫庶人)의 장례 때 상여꾼이 부르는 '만가'로 정해졌다고 한다.

萬事休矣 만사휴의

萬 : 일만 만 事 : 일 사 休 : 쉴 휴 矣 : 어조사 의

[유사어] 능사필의(能事畢矣)

[출전] 〈宋史〉 '荊南高氏世家'

[풀이] 모든 일이 끝장났다(가망 없다)는 뜻으로, 어떻게 달리 해볼 도리가 없다는 말.

옛 중국의 당나라가 망하고 송(宋 : 北宋)나라가 일어날 때까지 53년 동안에 중원에는 후량(後梁)·후당(後唐)·후진(後晉)·후한(後漢)·후주(後周)의 다섯 왕조가 일어났다가 쓰러지곤 했는데 이 시대를 오대[五代 : 후오대(後五代)의 준말]라 한다.

또 다시 중원을 벗어난 각 지방에는 전촉(前蜀)·오(吳)·남한(南漢)·형남(荊南)·오월(吳越)·초(楚)·민(閩)·남당(南唐)·후촉(後蜀)·북한(北漢)등 열 나라가 있었는데, 역사가는 이를 오대십국(五代十國)이라 일컫고 있다.

이들 열나라 중에는 형남과 같은 보잘것없는 작은 나라도 있었는데 이 나라의 왕인 고종회(高從誨)는 아들 고보욱(高保勗)을 분별없이 귀여워했다. 그래서 고보욱은 다른 사람들이 아무리 노한 눈으로 쏘아보아도 싱글벙글 웃고 마는 것이었다. 이 사실을 안 그 나라의 백성들은 이렇게 생각했다.

'모든 일이 끝장났다[萬事休矣].'

과연 백성들의 생각대로 고보욱의 대(代)에 이르러 형남은 멸망하고 말았다.

亡國之音 망국지음

亡 : 망할 망 國 : 나라 국 之 : 갈 지 音 : 소리 음
[동의어] 망국지성(亡國之聲) [유사어] 정위지음(鄭衛之音)
[출전] 〈韓非子〉 '十過篇', 〈禮記〉 '樂記'

[풀이] 나라를 망치는 음악이란 뜻으로, 음란하고 사치한 음악이나
망한 나라의 음악, 또는 애조(哀調)를 띤 음악.

중국 춘추전국시대에 있었던 이야기이다. 어느 날 위(衛)나라
영공(靈公)이 진(晉)나라로 가던 도중 복수(濮水) 강변에 이르자,
이제까지 들어본 적이 없는 멋진 음악 소리가 들려 왔다. 영공은
자기도 모르게 멈춰 서서 잠깐 동안 넋을 잃고 듣다가 수행중인
사연(師涓)이란 악사(樂師)에게 그 음악을 잘 기억해두라고 했다.

이윽고 진나라에 도착한 영공은 진나라 평공(平公) 앞에서 연주하는
음악을 들으며 '이곳으로 오는 도중에 들은 새로운 음악'이라고
자랑했다. 당시 진나라에는 사광(師曠)이라는 유명한 악사가 있었는데
그가 음악을 연주하면 학이 춤을 추고 흰 구름이 몰려든다는
명인이었다. 위나라 영공이 새로운 음악을 들려준다는 연락을 받고
급히 입궐한 사광은 그 음악을 듣고 깜짝 놀랐다. 황급히 사연의 손을
잡고 연주를 중지시키며 이렇게 말했다.

"그것은 새로운 음악이 아니라 '망국의 음악[亡國之音]'이오."

이 말에 깜짝 놀란 영공과 평공에게 사광은 그 음악의 내력을 말해 주었다.

"그 옛날 은(殷)나라 주왕(紂王)에게는 사연(師延)이란 악사가 있었습니다. 당시 폭군 주왕은 사연이 만든 신성백리(新聲百里)라는 음미(淫靡)한 음악에 도취하여 주지육림(酒池肉林)속에서 음일(淫佚)에 빠졌다가 결국 주(周)나라 무왕(武王)에게 주벌(誅伐)당하고 말았습니다. 그러자 사연은 악기를 안고 복수에 투신자살했는데, 그 후 복수 강변에서는 누구나 이 음악을 들을 수 있습니다. 그래서 사람들은 '망국의 음악'이라고 무서워하며 그곳을 지날 땐 귀를 막는 것을 철칙으로 삼고 있습니다."

<예기(禮記)>의 '악기(樂記)'에도 이런 기록이 있다.

"복수에서 들려오는 음악 소리는 '망국지음'이다."

望洋之歎 망양지탄

望 : 바랄 망　洋 : 바다 양　之 : 갈 지　歎 : 탄식할 탄

[참조] 정중지와(井中之蛙)

[출전] <莊子> '秋水篇'

[풀이] 넓은 바다를 보고 감탄한다는 뜻으로, 남의 원대함에 감탄하고, 나의 미흡함을 부끄러워함을 비유한 말, 또는 제 힘이 미치지 못할 때 하는 탄식.

먼 옛날 중국 황하 중류의 맹진(孟津) 땅에 하백(河伯)이라는 하신(河神)이 있었다. 어느 날 아침, 그는 금빛 찬란히 빛나는 강물을 보고 감탄하여 말했다.

"이런 큰 강은 달리 또 없을 거야."

"그렇지 않습니다."

뒤를 돌아보니 늙은 자라였다.

"그럼, 황하보다 더 큰 물이 있단 말인고?"

"그렇습니다. 제가 듣기로는 해 뜨는 쪽에 북해(北海)가 있는데, 이 세상의 모든 강이 사시장철 그곳으로 흘러들기 때문에 그 넓이는 실로 황하의 몇 갑절이나 된다고 합니다."

"그런 큰 강이 정말 있을까? 어쨌든지 내 눈으로 보기 전엔 못

믿겠네."

황하 중류의 맹진을 떠나 본 적이 없는 하백은 늙은 자라의 말을 믿으려 하지 않았다. 이윽고 가을이 오자, 황하는 연일 쏟아지는 비로 몇 갑절이나 넓어졌다. 그것을 바라보고 있던 하백은 문득 지난날 늙은 자라가 한 말이 생각났다. 그래서 그는 이 기회에 강 하류로 내려가 북해를 한번 보기로 했다. 하백이 북해에 이르자, 그곳의 해신(海神)인 약(若)이 반가이 맞아 주었다.

"잘 왔소. 진심으로 환영하오."

북해의 해신이 손을 들어 허공을 가르자, 파도는 가라앉고 눈앞에 거울 같은 바다가 펼쳐졌다.

'세상에는 황하 말고도 이처럼 큰 강이 있었단 말인가…'

하백은 이제까지 세상모르고 살아온 자신이 심히 부끄러웠다.

"나는 북해가 크다는 말을 듣고도 지금까지 믿지 않았습니다. 지금 여기서 보지 않았더라면 나는 나의 단견(短見)을 깨닫지 못했을 것입니다."

북해의 신은 웃으며 말했다.

"'우물 안 개구리[井中之蛙]'였구려. 대해(大海)를 모르면 그대는 식견이 낮은 신으로 끝나 버려 사물의 도리도 모를 뻔했소. 그러나 이제 그대는 거기서 벗어난 것이오."

麥秀之歎 맥수지탄

麥 : 보리 맥 秀 : 빼어날 수 之 : 갈 지 歎 : 탄식할 탄

[동의어] 맥수서유(麥秀黍油), 맥수지시(麥秀之詩)

[출전] <史記> '宋微子世家', <詩經> '王風篇'

[풀이] 보리 이삭이 무성함을 탄식한다는 뜻으로, 곧 고국이 멸망한 것을 탄식함.

　중국 고대 3왕조의 하나인 은(殷)나라 주왕이 음락에 빠져 폭정을 일삼자, 이를 지성으로 간한 신하 중 삼인(三仁)으로 불리던 세 왕족이 있었다. 미자(微子), 기자(箕子), 비간(比干)이 그들이다. 미자는 주왕의 형으로서 누차 간했으나 듣지 않자 국외로 망명했다. 기자도 망명했다. 그들은 신분을 감추기 위해 거짓미치광이가 되고 또 노예로까지 전락하기도 했다. 그러나 왕자 비간은 끝까지 간하다가 결국 가슴을 찢기는 극형을 당하고 말았다.

　이윽고 주왕은 삼공(三公 : 왕을 보좌하던 세 제후)의 한 사람이었던 서백[西伯 : 훗날의 주문왕(周文王)]의 아들 발(發)에게 주살(誅殺)당하고, 천하는 주왕조(周王朝)로 바뀌었다. 주나라의 시조가 된 무왕(武王) 발은 은왕조의 봉제사(奉祭祀)를 위해 미자를 송왕(宋王)으로 봉했다. 그리고 기자도 무왕을 보좌하다가 조선왕(朝鮮王)으로 책봉되었다. 이에 앞서 기자가 망명지에서 무왕의 부름을 받고 주나라의 도읍으로 가던 도중 은나라의 옛 도읍지를 지나게 되었다. 번화하던 옛 모습은 간데없고 궁궐터엔 보리와 기장만이 무성했다. 금석지감(今昔之感)을 금치 못한 기자는 시 한 수를 읊었다.

보리 이삭은 무럭무럭 자라나고 麥秀漸漸兮(맥수점점혜)
벼와 기장도 윤기가 흐르는구나 禾黍油油兮(화서유유혜)
교활한 저 철부지(주왕)가 彼狡童兮(피교동해)
내 말을 듣지 않았음이 슬프구나 不與我好兮(불여아호혜)

[주] **기자 동래설(箕子東來說)** : 기자는 주왕의 횡포를 피하여, 혹은 주나라 무왕이 조선왕으로 책봉함에 따라 조선에 들어와 예의·밭갈이·누에치기·베짜기와 사회 교화(敎化)를 위한 팔조지교(八條之敎)를 가르쳤다고 하나 이는 후세 사람들에 의한 조작이라는 설이 지배적이라고 한다. 왜냐 하면 진(晉)나라의 무장(武將)·정치가·학자인 두예(杜預)가 그의 저서 <춘추석례(春秋釋例)>의 주(註)에서 "기자의 무덤이 양(梁)나라의 몽현(夢縣)에 있다"고 적고 있는 만큼 '기자 동래설'은 사실이 아니라는 것이다.

孟母斷機 맹모단기

孟 : 맏 맹　母 : 어미 모　斷 : 끊을 단　機 : 베틀 기

[원어] 맹모단기지교(孟母斷機之敎)

[출전] <列女傳> '母儀傳', <蒙求>

[풀이] 맹자의 어머니가 유학(遊學) 도중에 돌아온 맹자를 훈계하기 위해 베틀에 건 날실을 끊었다는 뜻으로, 학문을 중도에 그만두는 것은 짜고 있던 베의 날실을 끊어 버림과 같다는 말.

　중국의 춘추전국시대를 살다 간 맹자 어머니의 훈육 일화이다. 집을 떠나 타향에서 공부하던 어린 맹자가 어느 날 느닷없이 집에 돌아왔다. 어머니가 보고 싶었기 때문이다. 이 때 맹자의 어머니는 베틀에 앉은 채 맹자에게 물었다.

　"그래, 글은 얼마나 배웠느냐?"

　"별로 배우지 못했습니다. 어머님."

　맹자가 대답하자, 어머니는 짜고 있던 베의 날실을 끊어 버리고 이렇게 타일렀다.

　"네가 공부를 중도에 그만두고 돌아온 것은 지금 내가 짜고 있던 이 베의 날실을 끊어 버린 것과 다를 게 없다."

　이 말에 크게 깨달은 맹자는 다시 스승에게로 돌아가 더욱 열심히 공부하여 마침내 공자(孔子)에 버금가는 명유(名儒)가 되었다고 한다.

孟母三遷 맹모삼천

孟 : 맏 맹　母 : 어미 모　三 : 석 삼　遷 : 옮길 천

[원어] 맹모삼천지교(孟母三遷之教)

[출전] <列女傳> '母儀傳'

[풀이] 맹자의 어머니가 맹자의 교육을 위해 세 번 이사했다는 고사를 말함.

춘추전국시대, 유학(儒學)의 중심인물로서 성인(聖人) 공자에 버금가는 아성(亞聖) 맹자는 어렸을 때 아버지를 여의고 홀어머니 손에 자랐다.

맹자의 어머니는 처음 묘지 근처에 살았는데 어린 맹자는 묘지 파는 흉내만 내며 놀았다. 그래서 교육상 좋지 않다고 생각한 맹자의 어머니는 시장 근처로 이사했다.

그런데 이번에는 물건을 팔고 사는 장사꾼 흉내만 내는 것이었다. 이곳 역시 안 되겠다고 생각한 맹자의 어머니는 서당 근처로 이사했다.

그러자 맹자는 제구(祭具)를 늘어놓고 제사 지내는 흉내를 냈다. 서당에서는 유교에서 가장 중히 여기는 예절을 가르치고 있었기 때문이다.

맹자의 어머니는 이런 곳이야말로 자식을 기르는데 더할 나위 없이 좋은 곳이라며 기뻐했다고 한다.

明鏡止水 명경지수

明 : 밝을 명　鏡 : 거울 경　止 : 그칠 지　水 : 물 수

[출전] <莊子> '德充符篇'

[풀이] 맑은 거울과 조용한 물이라는 뜻으로, 티 없이 맑고 고요한 심경을 이르는 말.

<장자(莊子)> '덕충부편(德充符篇)'에는 다음과 같은 이야기가 실려 있다.

춘추전국시대, 노(魯)나라에 왕태(王駘)라는 학덕이 높은 선비가 있었는데, 그는 공자와 맞먹을 만큼 많은 제자들은 가르치고 있었다. 그래서 공자의 제자인 상계(常季)는 불만스럽다는 듯이 공자에게 물었다.

"선생님, 저 올자(兀者 : 형벌(刑罰)에 의해 발뒤꿈치를 잘린 불구자)는 어째서 많은 사람들로부터 흠모를 받고 있는 것입니까?"

공자가 대답했다.

"그것은 그분의 마음이 조용하기 때문이다. 사람들이 거울 대신 비쳐볼 수 있는 물은 흐르는 물이 아니라 정지해 있는 물이니라."

또 같은 '덕충부편'에는 이런 글도 실려 있다.

"거울에 흐림이 없으면 먼지가 앉지 않으나 먼지가 묻으면 흐려진다. 그와 마찬가지로 인간도 오랫동안 현자(賢者)와 함께 있으면 마음이 맑아져서 허물이 없어진다.

矛盾 모순

矛 : 창 모   盾 : 방패 순

[유사어] 자가당착(自家撞着)

[출전] <韓非子> '難勢篇'

[풀이] 말이나 행동의 앞뒤가 서로 맞지 않음.

어느 날 초나라 장사꾼이 저잣거리에 방패[盾]와 창[矛]을 늘어놓고 팔고 있었다.

"자, 여기 이 방패를 보십시오. 이 방패는 어찌나 견고한지 제아무리 날카로운 창이라도 막아낼 수 있습니다."

이렇게 자랑한 다음 이번에는 창을 집어 들고 외쳐댔다.

"자, 이 창은 너무 날카로워서 뚫지 못하는 것이 없습니다."

그러자 구경꾼들 속에서 이런 질문이 튀어나왔다.

"그럼, 그 창으로 그 방패를 찌르면 어떻게 되는 거요?"

장사꾼은 그 말에 대답을 못하고 서둘러 그 자리를 떠났다.

刎頸之交 문경지교

刎 : 목벨 문 頸 : 목 경 之 : 갈 지 交 : 사귈 교

[동의어] 문경지계(刎頸之契) [유사어] 관포지교(管鮑之交)

[출전] <史記> '廉頗藺相如列傳'

[풀이] 목을 베어 줄 수 있을 정도로 절친한 사귐이나 또는 그런 벗.

춘추전국시대에 조(趙)나라 혜문왕(惠文王)의 신하 목현(繆賢)의 식객에 인상여(藺相如)라는 사람이 있었다. 그는 진(秦)나라 소양왕(昭襄王)에게 빼앗길 뻔한 천하 명옥(名玉) 화씨지벽(和氏之璧)을 지킨 공으로 일약 상대부(上大夫)에 임명됐다.

그리고 3년 후에 혜문왕을 욕보이려는 소양왕을 가로막고 나서서 오히려 그에게 망신을 주었다. 인상여는 그 공으로 종일품(從一品)의 상경(上卿)에 올랐다.

그리하여 인상여의 지위는 조나라의 명장으로 유명한 염파(廉頗)보다 더 높아졌다. 그러자 염파는 분해서 이렇게 말했다.

"나는 싸움터를 누비며 성(城)을 빼앗고 들에서 적을 무찔러 공을 세웠다. 그런데 입밖에 놀린 것이 없는 인상여 따위가 나보다 윗자리에 앉다니…. 내 어찌 그런 놈 밑에 있을 수 있겠는가. 언제든 그 놈을 만나면 망신을 주고 말 테다."

이 말을 전해들은 인상여는 염파를 피했다. 그는 병을 핑계 대고 조정에도 나가지 않았으며, 길에서도 저 멀리 염파가 보이면 옆길로 갔다. 이 같은 인상여의 비겁한 행동에 실망한 부하가 작별 인사를 하러 왔다. 그러자 인상여가 말리며 이렇게 말했다.

"자네는 염파 장군과 소양왕 중 어느 쪽이 더 무서운가?"

"그야 물로 소양왕이지요."

"그래, 나는 그 소양왕도 두려워하지 않고 혼내 준 사람이네. 그런 내가 어찌 염파 장군을 두려워하겠는가? 생각해보게. 강국인 진나라가 쳐들어오지 않는 것은 염파 장군과 내가 버티고 있기 때문일세. 이 둘이 싸우면 결국 모두 죽게 돼. 그래서 나라의 위기를 생각하고 염파 장군을 피하는 거야."

이 말을 전해들은 염파는 부끄러워 몸 둘 바를 몰랐다. 그는 곧 '웃통을 벗은 다음 태형(笞刑)에 쓰이는 형장(荊杖)을 짊어지고[肉粗負荊 : 사죄의 뜻을 나타내는 행위]' 인상여를 찾아가 섬돌 아래 무릎을 꿇었다.

"내가 미욱해서 대감의 높은 뜻을 미처 헤아리지 못했소. 어서 나에게 벌을 주시오."

염파는 진심으로 사죄했다. 그날부터 두 사람은 '문경지교'를 맺었다고 한다.

門前成市 문전성시

門 : 문 문　前 : 앞 전　成 : 이룰 성　市 : 저자·도시 시

[유사어] 문전여시(門前如市), 문정여시(門庭如市)

[출전] <漢書> '孫寶傳', '鄭崇傳'

[풀이] 문 앞이 저자(市)를 이룬다는 뜻으로, 권세가나 부잣집 문 앞이 방문객으로 저자처럼 붐빈다는 말.

옛 중국 전한(前漢) 말, 11대 황제인 애제(哀帝) 때의 일이다. 애제가 즉위하자, 조정의 실권은 대사마(大司馬) 왕망[王莽 : 훗날 전한을 멸하고 신(新)나라를 세움]을 포함한 왕씨 일족으로부터 역시 외척인 부씨(傅氏), 정씨(丁氏) 두 가문으로 넘어갔다. 그리고 당시 20세인 애제는 동현(董賢)이라는 미동(美童)과 동성연애에 빠져 국정을 돌보지 않았다. 그래서 충신들은 간했으나 마이동풍(馬耳東風)이었다.

그 중에서 상서복야(尚書僕射 : 장관) 정숭(鄭崇)은 거듭 간하다가 애제에게 미움만 사고 말았다. 그 무렵, 조창(趙昌)이라는 상서령(尚書令)이 있었는데 그는 전형적인 아첨배로 왕실과 인척간인 정숭을 시기하여 모함할 기회만 노리고 있었다. 그는 어느 날 애제에게 이렇게 고했다.

"폐하, 아뢰옵기 황공하오나 정숭의 집 '문 앞이 저자를 이루고 있사온데[門前成市]' 이는 심상치 않은 일이오니 엄중히 문초하십시오."

애제는 즉시 정승을 불러 물었다.

"듣자니, 그대의 '문전은 저자와 같다[君門如市]'고 하던데, 그게 사실이오?"

"예, 폐하. 신의 문전은 저자와 같으나[臣門如市] 신의 마음은 물같이 깨끗합니다. 황공하오나 한 번 더 조사해 주십시오."

그러나 애제는 정승의 소청을 묵살한 채 옥에 가뒀다. 그러자 사례(司隸)가 상소하여 조창의 참언(讒言)을 공박하고 정승을 변호했으나 애제는 그를 삭탈관직(削奪官職)하고 서인(庶人)으로 내쳤다. 그리고 정승은 그 후 옥에서 죽고 말았다.

門前雀羅 문전작라

門 : 문 문 前 : 앞 전 雀 : 참새 작 羅 : 새그물 라
[원어] 문외가설작라(門外可設雀羅) [반의어] 門前成市
[출전] <史記> '汲鄭列傳', 백거이(白居易)의 <寓意詩>

[풀이] 문 앞에 새그물을 친다는 뜻으로, 권세를 잃거나 빈천 (貧賤)해지면 문 앞(밖)에 새그물을 칠 정도로 방문객의 발길이 끊어진다는 말.

　중국 전한(前漢)시대 7대 황제인 무제(武帝) 때 급암(汲黯)과 정당시(鄭當詩)라는 두 현신(賢臣)이 있었다. 그들은 한때 각기 구경(九卿 : 9개 부처의 각 으뜸 벼슬)의 지위에까지 오른 적도 있었지만 둘 다 개성이 강한 탓에 좌천·면직·재등용을 되풀이하다가 급암은 회양 태수(淮陽太守)를 끝으로 벼슬을 마쳤다. 이들이 각기 현직에 있을 때에는 방문객이 늘 문전성시를 이루었으나 면직되자 방문객의 발길이 뚝 끊어졌다고 한다.
　이어 사마천(司馬遷)은 <사기(史記)> '급정열전(汲鄭列傳)'에서 이렇게 덧붙여 쓰고 있다.
　"급암과 정당시 정도의 현인이라도 세력이 있으면 빈객(賓客)이 열 배로 늘어나지만 세력이 없으면 당장 모두 떨어져 나간다. 그러니 보통 사람의 경우는 더 말할 나위도 없다.”

또 적공(翟公)의 경우는 이렇다. 적공이 정위(廷尉)가 되자, 빈객이 문전성시를 이룰 정도로 붐볐다. 그러나 그가 면직되자, 빈객은 금세 발길을 끊었다. 집 안팎이 어찌나 한산한지 ‘문 앞(밖)에 새그물을 칠 수 있을 정도[門外可設雀羅]’였다. 얼마 후 적공은 다시 정위가 되었다. 빈객들이 몰려들자, 적공은 대문에 이렇게 써 붙였다.

한 번 죽고 한 번 삶에 곧 사귐의 정을 알고
한 번 가난하고 한 번 부함에 곧 사귐의 태도를 알며
한 번 귀하고 한 번 천함에 곧 사귐의 정은 나타나네
一死一生卽知交情(일사일생즉지교정)
一貧一富卽知交態(일빈일부즉지교태)
一貴一賤卽見交情(일귀일천즉현교정)

彌縫 미봉

彌 : 더할·많을 미 縫 : 꿰맬 봉

[유사어] 고식(姑息), 임시변통(臨時變通)

[출전] <春秋左氏傳> '桓公五年條'

[풀이] 빈 구석이나 잘못된 것을 그때그때 임시변통으로 이리저리 주선해서 꾸며댐을 뜻하는 말.

춘추전국시대 주(周)나라 환왕(桓王) 13년의 일이다. 환왕은 명목상의 천자국(天子國)으로 전락한 주나라의 세력을 만회하기 위해 정(鄭)나라를 치기로 했다. 당시 정나라 장공(莊公)은 날로 강성해지는 국력을 배경으로 천자인 환왕을 무시하는 경향이 있었기 때문이다. 환왕은 우선 장공에게서 왕실 경사(卿士)로서의 정치상 실권을 박탈했다. 이 조치에 분개한 장공이 조현(朝見 : 신하가 임금을 뵙는 일)을 중단하자, 환왕은 이를 구실로 징벌군을 일으키고 제후(諸侯)들에게 참전을 명했다.

왕명을 받고 괵(虢)·채(蔡)·위(衛)·진(陳)나라 군사가 모이자, 환왕은 자신이 총사령관이 되어 정나라를 징벌하러 나섰다. 이렇게 천자(天子)의 자장격지(自將擊之)는 춘추시대 240여 년 동안 전무후무한 일이었다. 이윽고 정나라의 수갈(繻葛)에 도착한 왕군(王軍)은 장공의 군사와 대치했다.

공자(公子)인 원(元)은 장공에게 진언했다.

"지금 좌군(左軍)에 속해 있는 진나라 군사는 국내 정세가 어지럽기 때문에 전의(戰意)를 잃고 있습니다. 하오니 먼저 진나라 군사부터 공격하면 반드시 패주할 것입니다. 그러면 환왕이 지휘하는 중군(中軍)을 혼란에 빠질 것이며, 경사(卿士)인 괵공(虢公)이 이끄는 채·위나라의 우군(右軍)도 지탱하지 못하고 퇴각할 것입니다. 이 때 중군을 치면 승리는 틀림없습니다."

장공은 원의 진언에 따라 원형(圓形)의 진(陣)을 쳤는데 이는 병거(兵車 : 군사를 실은 수레)를 앞세우고 보병(步兵)을 뒤따르게 하는 군진(軍陣)으로서 병거와 병거 사이에는 보병으로 '미봉'했다. 원이 진언한 전략은 적중하여 왕군은 대패하고 환왕은 어깨에 화살을 맞은 채 물러가고 말았다.

[주] **자장격지(自將擊之)** : 남을 시키지 않고 몸소 군사를 거느리고 나가 싸움.

盤根錯節 반근착절

盤 : 서릴·쟁반 반 根 : 뿌리 근 錯 : 섞일 착 節 : 마디 절
[출전] <後漢書> '虞栩傳'

[풀이] 서린 뿌리와 얼크러진 마디라는 뜻으로, 얼크러져서 해결하기 매우 어려운 사건을 말함.

중국의 후한(後漢)시대 6대 황제인 안제(安帝)때의 일이다. 안제가 13세의 어린 나이로 즉위하자, 모후(母后)인 태후(太后)가 수렴청정(垂簾聽政)을 하고 태후의 오빠인 등즐(鄧騭)이 대장군이 되어 병권을 장악했다.

그 무렵의 서북 변경은 티베트계(系) 유목 민족인 강족(羌族)의 침략이 잦았다. 그러나 등즐은 국비 부족을 이유로 양주(凉州)를 포기하려고 했다. 그러나 낭중(郎中) 벼슬에 있는 우허(虞栩)가 반대하고 나섰다.

"함곡관(函谷關)의 서쪽은 장군을 내고 동쪽은 재상을 낸다고 했습니다. 예로부터 양주는 많은 열사와 무인을 배출한 곳인데 그런 땅을 강족에게 내준다는 것은 당치 않은 일입니다."

중신들도 모두 우허와 뜻을 같이했다. 이 때부터 우허를 미워한 등즐은 때마침 조가현(朝歌縣)의 현령이 비적(匪賊)에게 살해되자, 우허를 후임으로 정하고 비적 토벌을 명했다. 친구들이 모여

걱정했으나 우허는 웃으며 이렇게 말했다.

"'서린 뿌리와 얼크러진 마디[盤根錯節]'에 부딪쳐 보지 않고서야 어찌 칼날의 예리함을 알 수 있겠는가."

현지에 도착한 우허는 우선 전과자들을 모아 적진에 침투시킨 다음 갖가지 계책으로 비적을 토벌했다고 한다.

伴食宰相 반식재상

伴 : 짝 반 食 : 밥·먹을 식 宰 : 재상 재 相 : 서로 상

[동의어] 반식대신(伴食大臣)

[출전] <舊唐書> '盧懷愼傳'

[풀이] 자리만 차지하고 있는 무능한 재상(대신)을 비꼬아 이르는 말.

옛 중국 당나라 6대 황제인 현종(玄宗)을 도와 당대 최성기(唐代最盛期)인 이른 바 '개원(開元)의 치(治)'를 연 재상은 요숭(姚崇)이었다.

개원 2년, 현종이 망국의 근원인 사치를 추방하기 위해 문무백관의 호사스런 비단 관복을 정전(正殿) 앞에 쌓아 놓고 불사른 일을 비롯해서 조세와 부역을 감하여 백성들의 부담을 줄이고, 형벌 제도를 바로잡아 억울한 죄인을 없애고, 농병(農兵) 제도를 모병(募兵) 제도로 고친 것도 모두 요숭의 진언에 따른 개혁이었다.

이처럼 요숭은 백성들의 안녕을 꾀하는 일이 곧 나라 번영의 지름길이라 믿고 늘 이 원칙을 관철하는 데 힘썼다. 특히 정무재결(政務裁決)에 있어서의 신속적확(迅速的確)함에는 그 어느 재상(宰相 : 大臣)도 요숭을 따르지 못했는데 당시 황문감(黃門監 : 환관 감독부서의 으뜸 벼슬)인 노회신(盧懷愼)도 예외는 아니었다.

노회신은 청렴결백하고 근면한 사람이었으나, 휴가 중인 요숭의 직무를 10여 일쯤 대행할 때 요숭처럼 신속히 재결하지 못함으로 해서 정무를 크게 정체시키고 말았다. 이 때 자신이 요숭에게 크게 미치지 못한다는 것을 체험한 노회신은 매사를 요숭에게 상의한 다음에야 처리하곤 했다. 그래서 사람들은 노회신을 가리켜 '자리만 차지하고 있는 무능한 재상[伴食宰相]'이라고 냉평(冷評)했다.

傍若無人 방약무인

傍 : 곁 방　若 : 같을 약　無 : 없을 무　人 : 사람 인
[출전] <史記> '刺客列傳'

[풀이] 곁에 사람이 아무도 없는 것 같이 여긴다는 뜻으로, 주위의 다른 사람을 전혀 의식하지 않은 채 제멋대로 마구 행동함을 이르는 말.

　중국의 춘추전국시대도 거의 막을 내릴 무렵, 바로 진왕(秦王) 정(政 : 시황제)이 천하를 통일하기 직전의 일이다. 당시 포학무도한 진왕을 암살하려다 실패한 자객 중에 형가(荊軻)라는 사람이 있었다.

　그는 위(衛)나라 사람이었으나 위나라 원군(元君)이 그를 측근으로 써주지 않자 여러 나라를 전전하다가 연(燕)나라에서 축(筑 : 거문고와 비슷한 악기)의 명수인 고점리(高漸離)라는 사람을 만나게 되었다.

　형가와 고점리는 이내 의기투합(意氣投合)하여 매일같이 저자에서 술을 마셨다. 그렇게 마시다가 취기가 돌면 고점리는 축을 연주하고 형가는 노래를 불렀다. 그러다가 서로의 마음속 감회가 복받쳐 오르면 함께 엉엉 울었다. '곁에 아무도 없는 것처럼[傍若無人]'….

背水之陣 배수지진

背:등 배 水:물 수 之:갈 지 陣:진칠 진

[동의어] 배수진(背水陣)

[출전] <史記> '准陰侯列傳', <十八史略> '漢太祖高皇帝'

[풀이] 물을 등지고 친 진지라는 뜻으로, 목숨을 걸고 어떤 일에 대처하는 경우를 비유한 말.

　중국의 한나라 고조 유방(劉邦)이 제위에 오르기 2년 전의 일이다. 명장 한신(韓信)은 유방의 명에 따라 위(魏)나라를 쳐부순 다음 조(趙)나라로 쳐들어갔다.

　그러자 조나라에서는 20만의 군사를 동원하여 조나라로 들어오는 길목인 정형(井陘)의 협도(狹道) 출구 쪽에 성채(城砦)를 구축하고 방어선을 폈다. 이에 앞서 군략가인 이좌거(李左車)가 재상 진여(陳餘)에게 '한나라 군사가 협도를 통과할 때 들이치자'고 건의했으나 채택되지 않았다.

　간첩을 통해 이 사실을 안 한신은 서둘러 협도를 통과하다가 출구를 10리쯤 앞둔 곳에서 일단 행군을 멈췄다. 이윽고 밤이 깊어지자, 한신은 2,000여 기병을 조나라의 성채 바로 뒷산에 매복시키기로 하고 이렇게 명했다.

"본대(本隊)는 내일 싸움에서 거짓 패주(敗走)한다. 그러면 적군은 패주하는 아군을 추적하려고 성채를 비울 것이다. 그때 제군은 성채를 점령하고 한나라 깃발을 세우도록 하라."

그리고 한신은 1만여 군사를 협도 출구 쪽으로 보내어 강을 등지고 진을 치게 한 다음 자신은 본대를 이끌고 성채를 향해 나아갔다.

이윽고 날이 밝았다. 한나라 군사가 북을 울리며 진격하자, 조나라 군사는 성채를 나와 응전했다. 2, 3차 접전 끝에 한나라 군사는 퇴각하여 강가에 진을 친 부대에 합류했고, 승세(勝勢)를 탄 조나라 군사는 맹렬히 추격했다. 그 틈에 한의 2,000여 기병대는 성채를 점령하고 한나라 깃발을 세웠다. 강을 등진 한나라 군사는 필사적으로 싸웠다. 이에 견디지 못한 조나라 군사가 성채로 돌아와 보니 한나라 깃발이 나부끼고 있지 않은가. 전쟁은 한신의 대승리로 끝났다. 전승 축하연 때 부하 장수들이 배수진을 친 이유를 묻자 한신은 이렇게 대답했다.

"우리 군사는 이번에 급히 편성한 오합지졸(烏合之卒)이 아닌가? 이런 군사는 사지(死地)에 두어야만 필사적으로 싸우는 법이야. 그래서 '강물을 등지고 진을 친 것[背水之陣]'이네."

杯中蛇影 배중사영

杯 : 술잔 배 中 : 가운데 중 蛇 : 뱀 사 影 : 그림자 영
[유사어] 의심암귀(疑心暗鬼), 반신반의(半信半疑)
[출전] <晉書> '樂廣傳', <風俗通義>

[풀이] 술잔 속에 비친 뱀의 그림자란 뜻으로, 쓸데없는 의심을 품고 스스로 고민함을 비유한 말.

옛 중국 진(晉) 나라에 악광(樂廣)이라는 사람이 있었다. 그는 집이 가난하여 독학을 했지만 영리하고 신중해서 늘 주위 사람들로부터 칭찬을 받으며 자랐다. 훗날 수재(秀才)로 천거되어 벼슬길에 나아가서도 역시 매사에 신중했다.

악광이 하남 태수(河南太守)로 있을 때의 일이다. 자주 놀러 오던 친구가 웬일인지 발을 딱 끊고 찾아오지 않았다. 악광은 이상하다는 생각이 들어 그를 찾아가 물어 보았다.

"아니, 자네 웬일인가? 요샌 통 얼굴도 안 비치니…."

그러자 친구는 이렇게 대답했다.

"저번에 우리가 술을 마실 때 얘길세. 그때 술을 막 마시려는데 잔속에 뱀이 보이는 게 아니겠나. 기분이 언짢았지만 그냥 마셨지. 그런데 그 후로 몸이 좋지 않다네."

악광은 이상한 일도 다 있다고 생각했다. 지난번 술자리는 관가(官家)의 자기 방이었고, 그 방 벽에는 활이 걸려 있었지? 그렇다. 그 활에는 옻칠로 뱀 그림이 그려져 있었다. 안광은 그 친구를 다시 초대해서 저번에 앉았던 그 자리에 앉히고 술잔에 술을 따랐다.

"어떤가? 뭐가 보이나?"

"응, 전번과 마찬가지네."

"그건 저 활에 그려져 있는 뱀 그림자일세."

그 친구는 그제야 깨닫고 병이 씻은 듯이 나았다고 한다.

百年河淸 백년하청

百 : 일백 백 年 : 해 년 河 : 물 하 淸 : 맑을 청

[원어] 백년사하청(百年俟河淸)

[출전] <春秋左氏傳> '襄公八年條'

[풀이] 백 년을 기다린다 해도 황하(黃河)의 흐린 물은 맑아지지 않는다는 뜻으로, 아무리 오래 기다려도 이루어지기 어려움을 비유한 말. 또는 확실하지 않은(믿을 수 없는) 일을 한없이 기다림(기대함)을 말함.

춘추전국시대 중반, 주(周)나라 영왕(靈王) 7년, 정(鄭)나라는 위기에 빠졌다. 초(楚)나라의 속국인 채(蔡)나라를 친 것이 화가 되어 초나라의 보복 공격을 받게 된 것이다.

곧 주신들이 모여 대책을 논의했으나 의견은 초나라에 항복하자는 화친론(和親論)과, 진(晉)나라의 구원군을 기다리며 싸우자는 주전론(主戰論)으로 나뉘었다. 양쪽 주장이 팽팽히 맞서자, 대부인 자사(子駟)가 말했다.

"주나라의 시에 '황하의 흐린 물이 맑아지기를 기다린다 해도 인간의 짧은 수명으로는 아무래도 부족하다'는 말이 있듯이, 지금 진나라의 구원군을 기다린다는 것은 '백년하청(百年河淸)'일 따름이오. 그러니 일단 초나라에 복종하여 백성들의 불안을 씻어주도록 합시다."

이리하여 정나라는 초나라와 화친을 맺고 위기를 모면했다.

白面書生 백면서생

白 : 흰 백　面 : 얼굴 면　書 : 글 서　生 : 날 생

[출전] <宋書> '沈慶之傳'

[풀이] 오로지 글만 읽고 세상일에는 경험이 없는 젊은이를 말함.

　중국의 남북조(南北朝) 시대, 남조인 송(宋)나라 3대 황제인 문제(文帝) 때 오(吳 : 절강성) 땅에 심경지(沈慶之)라는 사람이 있었다. 그는 어릴 때부터 힘써 무예를 닦아 그 기량이 뛰어났다. 전(前)왕조인 동진(東晉)의 유신(遺臣) 손은(孫恩) 장군이 반란을 일으켰을 때 그는 불과 10세의 어린 나이로 일단(一團)의 사병(私兵)을 이끌고 반란군과 싸워서 번번이 승리를 하여 무명(武名)을 떨쳤다.

　그의 나이 40세 때 이민족(異民族)의 반란을 진압한 공로로 장군에 임명되었다. 문제에 이어 즉위한 효무제(孝武帝) 때는 도읍인 건강(建康 : 南京)을 지키는 방위 책임자로 승진했다. 그 후 또 많은 공을 세워 건무장군(建武將軍)에 임명되어 변경 수비군의 총수(總帥)로 부임했다.

　어느 날 효무제는 심경지가 배석한 자리에 문신들을 불러 놓고 숙적인 북위(北魏)를 치기 위한 출병을 논의했다. 먼저 심경지는 북벌(北伐) 실패의 전례를 들어 출병을 반대하고 이렇게 말했다.

　"폐하, 밭갈이는 농부에게 맡기고 바느질은 아낙네에게 맡겨야

하옵니다. 하온데 폐하께서는 어찌 북벌 출병을 '백면서생'과 논의하려
하시나이까?"

　그러나 효무제는 심경지의 의견을 듣지 않고 문신들의 의견을
받아들여 출병했다가 크게 패하고 말았다.

百聞不如一見 백문불여일견

百 : 일백 백　聞 : 들을 문　不 : 아니 불　如 : 같을 여
一 : 한 일　見 : 볼 견

[출전] <漢書> '趙充國傳'

[풀이] 백 번 듣는 것이 한 번 보는 것만 못하다는 뜻으로, 무엇이든지 경험해야 확실히 알 수 있다는 말.

　중국 전한(前漢)시대 9대 황제인 선제(宣帝) 때의 일이다. 서북 변방에 사는 티베트계(系) 유목 민족인 강족(羌族)이 쳐들어왔을 때 한나라 군사는 필사적으로 응전했으나 크게 패하고 말았다. 그래서 선제는 어사대부(御史大夫)인 병길(丙吉)에게 후장군(後將軍) 조충국(趙充國)을 찾아가 토벌군의 장수로 누가 적임자인지 물어 보라고 명했다.

　당시 조충국은 나이 70이 넘은 노장(老將)이었다. 그는 일찍이 7대 황제인 무제(武帝) 때 이사장군(貳師將軍) 이광리(李廣利)의 휘하 장수로 흉노 토벌에 출전했다가 포위되자 불과 100여 명의 군사를 데리고 혈전(血戰) 끝에 포위망을 뚫고 전군을 구출했다. 그 공으로 거기장군(車騎將軍)에 임명된 그는 이때부터 오랑캐 토벌전의 선봉장이 되었던 것이다.

　조충국을 찾아온 병길은 이렇게 말했다.

"강족을 치는데 누가 적임자인지 장군에게 물어보라는 어명을 받고 왔습니다."

그러자 조충국은 서슴없이 대답했다.

"어디 노신(老臣)을 능가할 사람이 있겠소?"

선제는 조충국을 불러 강족 토벌에 대해 물었다.

"계책이 있으면 말해 보시오. 또 병력은 얼마나 필요하오?"

그러자 조충국은 이렇게 대답했다.

"폐하, '백 번 듣는 것이 한 번 보는 것만 못합니다[百聞不如一見]'. 무릇 군사(軍事)란 실지를 보지 않고는 헤아리기 어려우니 신을 금성군[金城郡 : 감숙성난주(甘肅省蘭州) 부근]으로 보내 주십시오. 계책은 현지를 살펴 본 다음에 아뢰겠습니다."

선제는 기꺼이 윤허했다. 조사를 마치고 돌아온 조충국은 기병(騎兵)보다 둔전병(屯田兵)을 두는 것이 좋겠다고 상주했다. 후에 이 계책이 채택되자, 강족의 반란도 수그러졌다고 한다.

[주] **둔전병** : 변경(邊境)에 주둔(駐屯), 토착(土着)시켜 평상시에는 농사도 짓게 하던 군사.

白眉 백미

白 : 흰 백　眉 : 눈썹 미

[출전] <三國志> '蜀志馬良傳'

[풀이] 흰 눈썹[白眉]을 가진 사람이 가장 뛰어났다는 뜻으로, 형제 중에서 가장 뛰어난 사람이나 여럿 중에서 가장 뛰어난 사람 또는 물건을 일컫는 말.

　중국 천하가 위(魏)·오(吳)·촉(蜀)의 세 나라로 나뉘어 서로 패권을 다투던 삼국시대의 일이다. 유비(劉備)의 촉나라에 문무(文武)를 겸비한 마량(馬良)이라는 이름난 참모[후에 시중(侍中)이 됨]가 있었다. 그는 제갈량[諸葛亮 : 자는 공명(孔明)]과 문경지교(刎頸之交)를 맺은 사이로, 한 번은 세 치[三寸]의 혀 하나로 남쪽 변방의 흉포한 오랑캐 한 무리를 모두 부하로 삼는데 성공했을 정도로 덕성(德性)과 지모(智謀)가 뛰어난 인물이었다.
　오형제 중 맏이인 마량은 태어날 때부터 눈썹에 흰 털이 섞여 있었다. 그래서 그는 고향 사람들로부터 '백미(白眉)'라는 별명을 얻었다. 그들 오형제는 '읍참마속(泣斬馬謖)'으로 유명한 마속을 포함하여 모두 재주가 비범했는데 그 중에서도 마량이 가장 뛰어났다. 그래서 사람들은 마(馬) 씨 오형제 중에서 '백미'가 가장 뛰어났다며 마량을 특히 칭송해 마지않았다. 이때부터 '백미'란 같은 부류의 여럿 중에서 가장 뛰어난 사람이나 물건을 가리키는 말이 되었다.

白髮三千丈 백발삼천장

白 : 흰 백 髮 : 터럭 발 三 : 석 삼 千 : 일천 천 丈 : 길 장

[출전] 이백(李白)의 시 '秋浦歌'

[풀이] 흰 머리털의 길이가 삼천 길[仞]이란 뜻으로, 중국 문학의 과장적 표현으로 널리 인용되는 문구.

'백발삼천장'이란 당나라 시인 이백[李白]의 시 <추포가(秋浦歌)> 17수 중 한 수인 오언절구(五言絶句)에서 나온 말이다.

흰 머리털이 삼천 길
근심으로 인하여 이처럼 길어졌네
알지 못해라 밝은 거울 속
어디서 가을 서리를 얻었는고
白髮三千丈(백발삼천장) 緣愁似箇長(연수사개장)
不知明鏡裏(부지명경리) 何處得秋霜(하처득추상)

이 시는 만년에 귀양에서 풀려난 이백이 추포(秋浦)에 와서 거울을 보고 이미 늙어버린 자기 모습에 놀라서 지은 연작(連作) 중 한 수이다.
이 유명한 '백발의 길이가 삼천 길'이란 표현은 중국 문항의 과장적 표현으로 널리 인용되는 문구인데 요즈음에는 '과장된 것을 비웃는 말'로 흔히 쓰이고 있다.

白眼視 백안시

白 : 흰 백 眼 : 눈 안 視 : 볼 시

[유사어] 백안(白眼) [반의어] 청안시(靑眼視)

[출전] <晉書> '阮籍傳'

[풀이] 남을 업신여기거나 냉대하여 흘겨봄.

옛 중국 위진시대(魏晉時代), 죽림칠현(竹林七賢)의 한 사람 중에 완적(阮籍)이라는 사람이 있었다. 그는 예의범절에 얽매인 지식인을 보면 속물이라 하여 '백안시'했다고 한다.

어느 날 역시 죽림칠현의 한 사람인 혜강(嵇康)의 형 혜희(嵇喜)가 찾아왔다. 그러나 완적의 태도에, 혜희는 당혹감으로 도망가듯 돌아갔다.

이처럼 완적은 속세의 지식인이라면 모두 '백안시'해버렸다.

그래서 당시 조야(朝野)의 지식인들은 완적을 몹시 미워했다.

百戰百勝 백전백승

百 : 일백 백　戰 : 싸울 전　勝 : 이길 승

[동의어] 연전연승(連戰連勝)　[반의어] 백전백패(百戰百敗)

[출전] <孫子> '謀攻篇'

[풀이] 백 번 싸워 백 번 이긴다는 뜻으로, 싸울 때마다 반드시 이긴다는 말.

중국 춘추전국시대에 제(齊)나라 사람으로 오왕(吳王) 합려(闔閭)를 섬긴 병법가 손자(孫子 : 孫武)가 쓴 <손자> '모공편(謀攻篇)'에 다음과 같은 글이 실려 있다.

"승리에는 두 종류가 있다. 적을 공격하지 않고서 얻는 승리와 적을 공격한 끝에 얻는 승리인데 전자는 최상책(最上策)이고, 후자는 차선책(次善策)이다. '백 번 싸워 백 번 이겼다[百戰百勝]'해도 그것은 최상의 승리가 아니다. 싸우지 않고 상대방을 굴복시키는 것이야말로 최상의 승리인 것이다.

곧, 최상책은 적이 꾀하는 바를 간파하고 이를 봉쇄하는 것이다. 그 다음은 적과 동맹 관계를 끊고 고립시키는 것, 다음은 적과 싸우는 것, 최하책은 모든 수단을 다 쓴 끝에 강행하는 공성(攻城)이다."

[주] 여기서 '백(百)'이란 단순히 숫자상의 '100'이 아니라 '삼(三)', '구(九)', '천(千)', '만(萬)' 등 같이 '많은 횟수'를 가리키는 것이다.

覆水不返盆 복수불반분

覆 : 엎을 복 水 : 물 수 不 : 아니 불 返 : 돌이킬 반
盆 : 동이 분 [동의어] 복배지수(覆杯之水), 복수불수(覆水不收)
[출전] <拾遺記(습유기)>

[풀이] 한 번 엎지른 물은 다시 그릇에 담을 수 없다는 뜻으로, 한 번 떠난 아내는 다시 돌아올 수 없음을 비유함. 또 일단 저지른 일은 다시 되돌릴 수 없음을 말함.

옛 중국 주(周)나라 시조인 무왕(武王 : 發)의 아버지 서백(西伯 : 文王)이 사냥을 나갔다가 위수(渭水 : 황하의 큰 지류)에서 낚시질을 하고 있는 초라한 노인을 만났다. 이야기를 나누어 보니 학식이 탁월한 사람이었다. 그래서 서백은 이 노인이야말로 아버지 태공(太公)이 바라고 기다리던 주나라를 일으켜 줄 마로 그 인물이라 믿고 스승이 되어 주기를 청했다.

이리하여 이 노인, 태공망(太公望 : 태공이 대망하던 인물이란 뜻) 여상[呂尙 : 성은 강(姜) 씨, 속칭 강태공]은 서백의 스승이 되었다가 무왕의 태부(太傅 : 태자의 스승)와 재상을 역임한 뒤 제(齊)나라의 제후로 봉해졌다.

태공망 여상은 이처럼 입신출세했지만, 서백을 만나기 전까지는 끼니조차 제대로 잇지 못하던 가난한 서생이었다. 그래서 결혼 초부터 굶기를 부자 밥 먹듯 하던 아내 마(馬) 씨는 그만 친정으로 도망가고 말았다.

그로부터 오랜 세월이 흐른 어느 날 아내 마 씨가 여상을 찾아와서 이렇게 말했다.

"전엔 끼니를 잇지 못해 떠났지만, 이젠 그런 걱정 안 해도 될 것 같아 돌아왔어요."

그러자 여상은 잠자코 곁에 있는 물그릇을 들어 마당에 엎지른 다음 마씨에게 말했다.

"저 물을 주워서 그릇에 담으시오."

그러나 이미 땅 속으로 스며든 물을 어찌 주워 담을 수 있단 말인가. 마씨는 진흙만 약간 주워 담았을 뿐이었다. 그러자 여상은 조용히 말했다.

"한 번 엎지른 물은 다시 그릇에 담을 수 없고[覆水不返盆] 한 번 떠난 아내는 돌아올 수 없는 법이오."

駙馬 부마

駙 : 곁말 부 馬 : 말 마

[원어] 부마도위(駙馬都尉)

[출전] <搜神記(수신기)>

[풀이] 임금의 사위. 공주의 부군(夫君).

옛날 중국 농서[隴書 : 감숙성(甘肅省)] 땅에 신도탁(辛道度)이란 젊은이가 있었다. 그는 이름 높은 스승을 찾아 옹주(雍州)로 가던 도중 날이 저물자 어느 큰 기와집의 솟을대문을 두드렸다. 이윽고 하녀가 나와 대문을 열었다.

"옹주로 가는 나그네인데 하룻밤 재워 줄 수 없겠습니까?"

하녀는 잠시 기다리라며 안으로 들어갔다 나오더니 그를 안방으로 안내했다. 방 안에는 잘 차린 밥상이 있었는데 하녀가 사양 말고 먹으라고 했다. 식사가 끝나자, 안주인이 들어왔다.

"저는 진(秦)나라 민왕(閔王)의 딸인데 조(曹)나라로 시집을 갔다가 남편과 사별을 하고 이제까지 23년 동안 혼자 살고 있습니다. 그런데 오늘 이처럼 찾아 주셨으니 저와 부부의 인연을 맺어 주세요."

신도탁은 그런 고귀한 여인과 어찌 부부의 인연을 맺을 수 있겠느냐고 극구 사양했으나 여인의 끈질긴 간청에 못 이겨 사흘 낮 사흘 밤을 함께 지냈다. 다음날 아침에 여인은 슬픈 얼굴로 말했다.

"좀더 함께 지내고 싶지만 사흘 밤이 한도예요. 이 이상 같이 있으면 화를 당하게 되지요. 그래서 헤어져야 하지만 제 진심을 보여 드릴 수 없는 게 슬프군요. 정표로 이거라도 받아 주세요."

여인은 신도탁에게 금베개[金枕]를 건네주고는 하녀에게 대문까지 배웅하라고 일렀다. 대문을 나선 신도탁이 뒤돌아보니 그 큰 기와집은 간 데 없고 잡초만이 무성한 허허 벌판에 무덤이 하나 있을 뿐이었다. 그러나 품속에 간직한 금베개는 그대로 있었다. 신도탁은 금베개를 팔아 음식을 사 먹었다.

그 후 공주의 어머니인 왕비가 우연히 금베개를 저잣거리에서 발견하고는 관원을 시켜 조사해 본 결과 신도탁의 소행임이 드러났다. 왕비는 그를 잡아다가 경위를 알아본 다음 공주의 무덤을 파고 관을 열어 보니 다른 부장품(副葬品)은 다 있었으나 금베개만 없었다. 그리고 시체를 조사해 본 결과 정교(情交)한 흔적이 역력했다. 모든 사실이 신도탁의 이야기와 맞아떨어지자, 왕비는 신도탁이야말로 당신의 사위라며 그에게 '부마도위(駙馬都尉)'라는 벼슬을 내리고 후대했다고 한다.

焚書坑儒 분서갱유

焚 : 불사를 분 書 : 글 서 坑 : 묻을 갱 儒 : 선비 유

[출전] <史記> '秦始皇紀', <十八史略> '秦篇'

[풀이] 책을 불사르고 선비를 산 채로 구덩이에 파묻어 죽인다는 뜻으로, 진(秦)나라 시황제(始皇帝)의 가혹한 법과 혹독한 정치를 이르는 말.

춘추전국시대를 마감한 진나라 시황제는 천하를 통일하자, 주(周)왕조 때의 봉건 제도를 폐지하고 사상 처음으로 중앙집권(中央執權)의 군현제도(郡縣制度)를 채택했다.

그 후 8년이 되는 해 어느 날 시황제가 베푼 함양궁(咸陽宮) 잔치에서 박사(博士) 순우월(淳于越)이 '군현 제도로는 황실의 무궁한 안녕을 기하기 어렵다'며 봉건제도로 개체할 것을 진언했다. 시황제가 신하들에게 순우월의 의견에 대해 묻자, 군현제의 입안자(立案者)인 승상 이사(李斯)는 이렇게 대답했다.

"봉건시대에는 제후들 간의 다툼으로 천하가 어지러웠으나 이제는 안정을 찾았고, 법령도 모두 한 곳에서 발령(發令)되고 있습니다. 그러나 옛 선비들 중에는 그것만 옳게 여겨 새로운 법령이나 정책에 대해서 비난하는 이들이 있습니다. 차제에 그러한 선비들을 엄단하고 아울러 백성들에게 꼭 필요한 의약(醫藥)·복서(卜筮)·종수(種樹 : 농업)에 관한 책과 진나라 역사서 외에는 모두 수거하여 불태워 없애버리십시오.”

시황제가 이사의 진언을 받아들임으로써 관청에 제출된 희귀한 책들이 속속 불태워졌는데 이 일을 가리켜 ‘분서’라고 한다. 당시는 종이가 발명되기 이전이므로, 책은 모두 글자를 적은 댓조각을 엮어서 만든 죽간(竹簡)이었다. 그래서 한 번 잃으면 복원할 수 없는 것도 많았다.

이듬해에 아방궁(阿房宮)이 완성되자, 시황제는 불로장수의 신선술법(神仙術法)을 닦는 방사(方士)들을 불러들여 후대했다. 그들 중에서도 특히 노생(盧生)과 후생(侯生)을 신임했으나 두 방사는 많은 재물을 사취(詐取)한 뒤 시황제의 부덕(不德)을 비난하며 종적을 감춰버렸다. 시황제는 진노했다. 그 진노가 채 가시기도 전에 이번에는 시중의 염탐꾼을 감독하는 관리로부터 ‘폐하를 비방하는 선비들을 잡아 가뒀다’는 보고가 들어왔다. 시황제의 노여움은 극에 달했다. 엄중히 심문한 결과 연루자는 460명이나 되었다. 시황제는 그들을 모두 산 채로 각각 구덩이에 파묻어 죽였는데 이 일을 가리켜 ‘갱유’라고 한다.

不俱戴天之讎 불구대천지수

不 : 아니 불　俱 : 함께 구　戴 : 일 대　天 : 하늘 천
讎 : 원수 수　[동의어] 불구대천지원수(不俱戴天之怨讎)
[출전] <禮記> '曲禮篇', <孟子> '盡心篇'

[풀이] 함께 하늘을 이고 살 수 없는 원수란 뜻으로, 반드시 죽여야 할 원수를 일컫는 말.

　<예기(禮記)> '곡례편(曲禮篇)'에는 불구대천지수에 대해 다음과 같은 글이 실려 있다.

　아버지의 원수와는 함께 하늘을 이고 살 수 없고
　형제의 원수를 보고 무기를 가지러 가면 늦으며
　친구의 원수와는 나라를 같이해서는 안 된다.
　父之讎弗與共戴天(부지수불여공대천)
　兄弟之讎不反兵(형제지수불반병)
　交遊之讎不同國(교유지수부동국)

　즉, 아버지의 원수와는 함께 한 하늘을 이고 살 수 없으므로 반드시 죽여야 한다. 형제의 원수를 만났을 때 집으로 무기를 가지러 갔다가 놓쳐서는 안 되므로 항상 무기를 휴대하고 다니다가 그 자리에서 죽여야 한다. 친구의 원수와는 같은 나라에서 함께 살 수 없으므로 나라 밖으로 쫓아내든가 역시 죽여야 한다.

오늘날 이 말은 아버지의 원수에 한하지 않고 '더불어 살 수 없을 정도로 미운 놈'이란 뜻으로 쓰이기도 한다.

또 이 말은 <맹자(孟子)> '진심편(盡心篇)'에 나오는 다음과 같은 말과 비교가 되어 다시 생각하게 된다.

"내 이제야 남의 아비를 죽이는 것이 중한 줄을 알겠노라. 남의 아비를 죽이면 남이 또한 그 아비를 죽이고 남의 형을 죽이면 남이 또한 그 형을 죽일 것이다. 그러면 스스로 제 아비나 형을 죽이지는 않겠지만 결과는 마찬가지이니라."

不入虎穴不得虎子 불입호혈부득호자

不 : 아니 불 入 : 들 입 虎 : 범 호 穴 : 구멍 혈
得 : 얻을 득 子 : 아들 자

[출전] <後漢書> '班超傳'

[풀이] 호랑이 굴에 들어가지 않고는 호랑이 새끼를 못 잡는다는
뜻으로, 모험을 하지 않고는 큰일을 할 수 없음을 말함.

후한(後漢) 초기의 장군 반초(班超)는 중국 역사서의 하나인 <한서
(漢書)>를 쓴 아버지 반표(班彪), 형 반고(班固), 누이동생 반소(班昭)와는
달리 무인(武人)으로 이름을 떨쳤다.

반초는 후한 2대 황제인 명제(明帝) 때 서쪽 오랑캐 나라인
선선국[鄯善國 : 누란(樓蘭)]에 사신으로 떠났다. 선선국왕은 반초의
일행 36명을 상객(上客)으로 후대했다. 그런데 어느 날 갑자기 후대가
박대(薄待)로 돌변했다. 반초는 궁중에 무슨 일이 있음을 직감하고 즉시
부하 장수를 시켜 진상을 알아보라고 했다. 이윽고 부하 장수는 놀라운
소식을 갖고 왔다.

"지금 선선국에는 흉노국(匈奴國)의 사신이 와 있습니다. 게다가
대동한 군사만 해도 100명이 넘는다고 합니다."

흉노는 옛날부터 한족(漢族)이 만리장성(萬里長城)을 쌓아 침입을

막았을 정도로 영맹(獰猛)한 유목민족이다. 반초는 즉시 일행을 불러 모은 다음 술을 나누며 말했다.

"지금 이곳에는 흉노국의 사신이 100여 명의 군사를 이끌고 와 있다고 한다. 선선국왕은 우리를 다 죽이거나 흉노국의 사신에게 넘겨줄 것이다. 그러면 그들에게 끌려가서 개죽음을 당할 텐데 어떻게 하면 좋겠나?"

"가만히 앉아서 죽을 수야 없지 않습니까? 싸워야 합니다!"

모두들 죽을 각오로 싸우자고 외쳤다.

"좋다. 그럼 오늘 밤에 흉노들이 묵고 있는 숙소로 쳐들어 가자. '호랑이 굴에 들어가지 않고는 호랑이 새끼를 못 잡는다[不入虎穴不得虎子]'는 말도 있지 않은가!"

그날 밤 반초 일행은 흉노의 숙소에 불을 지르고 닥치는 대로 죽였다. 이 일을 계기고 선선국이 굴복했음은 물론 인근 50여 오랑캐의 나라들도 한나라를 상국(上國)으로 섬기게 되었다.

不惑 불혹

不 : 아니 불 惑 : 미혹할 혹
[동의어] 불혹지년(不惑之年)
[출전] <論語> '爲政篇'

[풀이] 미혹(迷惑)하지 아니함. 나이 마흔 살을 일컬음.

　공자는 일생을 회고하며 자신의 학문 수양의 발전 과정에 대해
<논어> '위정편(爲政篇)'에서 이렇게 말했다.

　나는 열다섯 살 때 학문에 뜻을 두었고
　서른 살 때 입신했다.
　마흔 살 때는 미혹하지 않고
　쉰 살 때 하늘의 명을 알았다.
　예순 살 때는 들리는 귀에 따랐고
　일흔 살이 되니 마음 내키는 대로 해도 법도를 넘지 않았다.
　吾十有五而志于學(오십유오이지우학) - 志學
　三十而立(삼십이입) - 而立
　四十不惑(사십불혹) - 不惑
　五十而知天命(오십이지천명) - 知命

六十而耳順(육십이이순) - 耳順
七十而從心所欲不踰矩(칠십이종심소욕불유구) - 從心

[주] **20세** : 약관(弱冠), <예기(禮記)>에서 온 말. **60세** : 환갑(還甲). **70세** : 고희(古稀), 두보의 시 '人生七十古來稀'라는 문구에서 온 말. **77세** : 희수(喜壽), '喜'의 초서체(草書體)는 七七이라고 읽을 수 있다는 데서 온 말. **88세** : 미수(米壽), '米'자를 분해하면 八十八이 됨.

四面楚歌 사면초가

四 : 넉 사 面 : 낯·대할 면 楚 : 초나라 초 歌 : 노래 가

[준말] 초가(楚歌) [동의어] 사면초가성(四面楚歌聲)

[출전] <史記> '項羽本紀'

[풀이] 사면에서 들려오는 초나라 노래라는 뜻으로, 사방 빈틈없이 적에게 포위된 고립무원(孤立無援)의 상태나 주위에 반대자 또는 적이 많아 고립되어 있는 처지, 또는 사방으로부터 비난받음을 비유한 말.

진(秦)나라를 무너뜨린 초패왕(楚霸王) 항우(項羽)와 한왕(漢王) 유방(劉邦)은 홍구[鴻溝 : 하남성(河南省)의 가로하(賈魯河)]를 경계로 천하를 양분, 강화하고 5년간에 걸친 패권(覇權) 다툼을 멈췄다. 힘과 기(氣)에만 의존하다가 범증(范增) 같은 유일한 모신(謀臣)까지 잃고 밀리기 시작한 항우의 휴전 제의를 유방이 받아들인 것이다.

항우는 곧 초나라의 도읍인 팽성[彭城 : 서주(徐州)]을 향해 철군(撤軍) 길에 올랐으나 서쪽의 한중[漢中 : 섬서성(陝西省)의 한강(漢江) 북안의 땅]으로 철수하려던 유방은 참모 장량(張良)·진평(陳平)의 진언에 따라 말머리를 돌려 항우를 추격했다. 이윽고 해하[垓下 : 안휘성(安徽省) 내]에서 한신(韓信)이 지휘하는 한나라 대군에 겹겹이 포위된 초나라

진영(陣營)은 군사가 격감한데다가 군량마저 떨어져 사기가 말이
아니었다.

그런데 이게 웬일인가? 한밤중에 '사방에서 초나라 노래[四面楚歌]'
소리가 들려오니 말이다. 초나라 군사들은 그리운 고향 노랫소리에
눈물을 흘리며 다투어 도망쳤다. 항복한 초나라 군사들로 하여금 고향
노래를 부르게 한 장량의 심리 작전이 맞아떨어졌던 것이다.

항우는 깜짝 놀랐다.

'아니, 한나라는 벌써 초나라를 다 차지했단 말인가? 어찌 저토록
초나라 사람이 많은고?'

이미 끝장났다고 생각한 항우는 결별의 주연을 베풀었다. 항우의
진중에는 우미인(虞美人)이라 불리는 항우의 애인 우희(虞姬)와
추(騅)라는 준마가 있었다. 항우는 우희가 애처로워 견딜 수 없었다.
그래서 비분강개(悲憤慷慨)하여 시를 읊었다.

   힘은 산을 뽑고 의기는 세상을 덮지만
   때는 불리하고 추는 가지 않는구나
   추가 가지 않으니 어찌하면 좋을고
   우야, 우야 그대를 어찌할거나
   力拔山兮氣蓋世(역발산혜기개세)
   時不利兮騅不逝(시불리혜추불서)
   騅不逝兮可奈何(추불서혜가내하)
   虞兮虞兮奈若何(우혜우혜내약하)

우희도 이별의 슬픔에 목메어 화답했다. 역발산을 자처하는

천하장사 항우의 뺨에는 어느덧 몇 줄기의 눈물이 흘렀다. 좌우에 배석한 장수들이 오열(嗚咽)하는 가운데 우희는 마침내 항우의 보검을 뽑아 젖가슴에 꽂고 자결하고 말았다.

그날 밤에 불과 800여 기(騎)를 이끌고 포위망을 탈출한 항우는 이튿날 혼자 적군 속으로 뛰어들어 수백 명을 벤 뒤 강만 건너편 당초에 군사를 일으켰던 땅, 강동(江東)으로 갈 수 있는 오강(烏江)까지 달려갔다. 그러나 항우는 강동의 자제(子弟)들을 다 잃고 혼자 돌아가는 것이 부끄러워 스스로 목을 쳐 자결하고 말았다. 그때 그의 나이 31세였다.

似而非 사이비

似 : 같을 사　而 : 어조사 이　非 : 아닐 비

[원어] 사이비자(似而非者)

[출전] <孟子> '盡心篇', <論語> '陽貨篇'

[풀이] 겉은 제법 비슷하나 속은 전혀 다르거나 진짜같이 보이나 실은 가짜임을 이르는 말.

　춘추전국시대, 아성(亞聖)으로 불리던 맹자에게 어느 날 만장(萬章) 이라는 제자가 물었다.

　"한 마을 사람들이 다 훌륭한 사람이라고 칭찬한다면 그런 사람을 어디를 가든 훌륭한 사람일 것으로 생각됩니다. 그런데 공자께서는 어찌하여 그들을 가리켜 '향원[鄕原 : 지방의 토호(土豪)]은 덕(德)을 해치는 도둑'이라고 말씀하셨을까요?"

　맹자는 이렇게 대답했다.

　"비난하려 해도 들어서 비난할 것 없고, 공격하려 해도 공격할 구실이 없으나, 그들은 세속에 아첨하고 더러운 세상에 합류한다. 또 집에 있으면 충심(忠心)과 신의가 있는 척하고, 나아가 행하면 청렴결백한 척한다. 그래서 사람들이 다 좋아하고 스스로도 옳다고 생각하지만, 그들과는 더불어 요순(堯舜)의 도(道)에 들어갈 수 없기 때문이다.

또 공자께서는 이런 말씀을 하셨느니라.

'사이비한 것[似而非者]을 미워한다. 말 잘하는 것을 미워하는 것은 정의를 혼란시킬까 두려워서이고, 정(鄭)나라 음악을 미워하는 것은 아악(雅樂)을 혼란시킬까 두려워서이다. 향원을 미워하는 것은 그들이 덕을 혼란시킬까 두려워서이다'라고."

蛇足 사족

蛇 : 뱀 사　足 : 발 족

[원어] 화사첨족(畵蛇添足)

[출전] 〈戰國策〉 '齊策', 〈史記〉 '楚世家'

[풀이] 뱀의 발이라는 뜻으로, 쓸데없는 것이나 무용지물(無用之物)을 비유한 말. 또 있는 것보다 없는 편이 더 나음을 말하거나 공연히 쓸데없는 군일을 하다가 실패함을 말함.

　중국의 춘추전국시대인 초(楚)나라 회왕(懷王) 때의 이야기이다. 어떤 인색한 사람이 제사를 지낸 뒤 여러 하인들 앞에 술 한 잔을 내놓으면서 나누어 마시라고 했다. 그러자 한 하인이 이런 제안을 했다.

　"여러 사람이 나누어 마신다면 간에 기별도 안 갈 테니 땅바닥에 뱀을 제일 먼저 그리는 사람이 혼자 다 마시기로 하는 게 어떻겠나?"

　"그렇게 하세."

　하인들은 모두 찬성하고 제각기 땅바닥에 뱀을 그리기 시작했다. 이윽고 뱀을 다 그린 한 하인이 술잔을 집어 들고 말했다.

　"이 술은 내가 마시겠네. 어떤가, 멋지지? 발도 있고."

　그때 막 뱀을 그린 다른 하인이 재빨리 그 술잔을 빼앗아 단숨에 마셔 버렸다. 그리고 이렇게 말했다.

"세상에 발 달린 뱀이 어디 있나!"

술잔을 빼앗긴 하인은 공연히 쓸데없는 짓을 했다고 후회했지만 소용이 없었다.

[주] '사족'은 제(齊)나라를 방문한 진(秦)나라의 사신 진진(陳軫)이 제나라 민왕(湣王)의 요청으로 초나라 재상 소양(昭陽)을 만나 제나라에 대한 공격 계획을 철회하라고 설득할 때 인용한 이야기임.

殺身成仁 살신성인

殺 : 죽일 살　身 : 몸 신　成 : 이룰 성　仁 : 어질 인

[출전] <論語> '衛靈公篇'

[풀이] 몸을 죽여서 어진 일을 이룬다는 뜻으로, 다른 사람 또는 대의를 위해 목숨을 버린다는 말.

　이 말은 중국 춘추전국시대에 인(仁)을 이상의 도덕으로 삼는 공자(孔子)의 언행을 수록한 <논어(論語)> '위령공편(衛靈公篇)'에 나오는 한 구절이다.

　높은 뜻을 지닌 선비와 어진 사람은
　삶을 구하여 '인'을 저버리지 않으며
　스스로 몸을 죽여서 '인'을 이룬다.
　志士仁人(지사인인)
　無求生以害仁(무구생이해인)
　有殺身以成仁(유살신이성인)

　공자 사상의 중심을 이루는 '인'의 도는 제자인 증자(曾子)가 <논어(論語)> '이인편(里仁篇)'에 지적했듯이 '충(忠)과 서(恕)'에

귀착한다.

> 부자(夫子 : 공자에 대한 경칭)의 도는 '충', '서'일 뿐.
> 夫子之道 忠恕而已矣(부자지도 충서이이의)

'충'이란 자기 자신의 최선을 다하는 정신이고, '서'란 '충'의 정신을
타인에게 미치게 하는 마음이다. 증자는 공자의 '인'이 곧 이 '충서'를
가리키는 것으로 보았다.

[주] **증자** : 춘추시대의 유학자(儒學者). 이름은 삼(參), 자(字)는 자여(子與).
높이어 증자(曾子)라고 함. 공자의 제자 중에서 가장 나이가 어렸으나
효성이 지극하고 행동거지(行動擧止)가 온후독실(溫厚篤實)해서 죽을 때까지
몸에 작은 상처 하나 남기지 않았다고 함. 공자의 덕행과 학설을 정통으로
주술(祖述)하여 공자의 손자 자사(子思 : 孔汲)에게 전했음. 맹자는 자사의
계통을 이은 것으로 알려짐. <효경(孝經)>의 저자로 알려짐.

三顧草廬 삼고초려

三 : 석 삼 顧 : 돌아볼 고 草 : 풀 초 廬 : 풀집 려
[유사어] 삼고지우(三顧知遇) **[참조]** 수어지교(水魚之交)
[출전] <三國志> '蜀志 諸葛亮專'

[풀이] 초가집을 세 번 찾아간다는 뜻으로, 사람을 맞이함에 있어 진심으로 예를 다함[三顧之禮]. 또는 윗사람으로부터 후히 대우받음을 비유한 말.

중국 후한 말엽, 유비[劉備 : 자는 현덕(玄德)]는 관우[關羽 : 자는 운장(雲長)], 장비[張飛 : 자는 익덕(益德)]와 의형제를 맺고 한실(漢室) 부흥을 위해 군사를 일으켰다. 그러나 군기를 잡고 계책을 세워 전군을 통솔할 군사(軍師)가 없어 늘 조조군(曹操軍)에게 고전을 면치 못했다. 어느 날 유비가 은사(隱士)인 사마휘(司馬徽)에게 군사를 천거해 달라고 청하자, 사마휘는 이렇게 말했다.

"복룡(伏龍)이나 봉추(鳳雛) 중 한 사람만 얻으시오."

"대체 복룡은 누구고, 봉추는 누구입니까?"

그러나 사마휘는 말을 흐린 채 대답하지 않았다. 그 후 제갈량[諸葛亮 : 자는 공명(孔明)]의 별명이 복룡이란 것을 안 유비는 즉시 수레에 예물을 싣고 양양(襄陽) 땅에 있는 제갈량의 초가집을 찾아갔다. 그러나 제갈량은 집에 없었다. 며칠 후 또 찾아갔으나 역시 출타하고 없었다.

"저번에 다시 오겠다고 했는데. 이거, 너무 무례하지 않습니까? 듣자니 나이도 젊다던데…."

"제갈공명이 뭔데…. 형님, 앞으로는 찾아오지 마십시다."

마침내 동행했던 관우와 장비의 불평이 터지고 말았다.

"다음엔 너희들은 따라오지 말아라."

관우와 장비가 극구 만류하는데도 유비는 단념하지 않고 세 번째 방문 길에 나섰다. 그 열의에 감동한 제갈량은 마침내 유비의 군사가 되어 적벽대전(赤壁大戰)에서 조조의 100만 대군을 격파하는 등 많은 전공을 세웠다. 그리고 그 후 유비는 제갈량의 헌책에 따라 위(魏)나라의 조조, 오(吳)나라의 손권(孫權)과 더불어 천하를 삼분(三分)하고 한실(漢室)의 맥을 잇는 촉한(蜀漢)을 세워 황제[소열제(昭烈帝)]라 일컬었으며, 지략과 식견이 뛰어나고 충의심이 강한 제갈량은 재상이 되었다.

三十六計走爲上計 삼십육계주위상계

十 : 열 십 六 : 여섯 륙 計 : 꾀할 계 走 : 달아날 주
爲 : 할 위 上 : 위 상 [유사어] 주여도반(走輿梢飯)
[출전] <資治通鑑> '卷百四一', <齊書> '王敬則專'

[뜻] 서른여섯 가지 계책 중에서 피하는 것이 제일 좋은 계책이란
뜻으로, 일의 형편이 불리할 때는 도망을 가는 것이 상책이라는 말.

　중국 남북조시대, 제(齊 : 南齊)나라 5대 황제인 명제(明帝)는
소도성(蕭道成)의 종질(從姪)로 고제의 증손(曾孫)인 3, 4대 황제를 차례로
시해하고 제위를 찬탈(篡奪)한 황제이다. 그는 즉위 후에도 고제의
직손(直孫)들은 물론 자기를 반대하는 사람은 가차 없이 잡아 죽였다.
　이처럼 피의 숙청이 계속되자, 고조 이후의 옛 신하들은 불안을
느끼지 않을 수 없었다. 그 중에서도 개국 공신인 회계(會稽) 태수
왕경측(王敬則)의 불안은 날로 심해졌다. 불안하기는 명제도
마찬가지였다. 그래서 대부 장괴(張壞)를 평동(平東)장군에 임명하여
회계와 인접한 오군(五郡)으로 파견했다. 그러자 왕경측은 1만여
군사를 이끌고 도읍 건강(建康 : 南京)을 향해 진군하여 불과 10여 일
만에 건강과 가까운 흥성성(興盛城)을 점령했다. 도중에 농민들이
가세하여 병력도 10여 만으로 늘어났다.

한편 병석의 명제를 대신하여 국정을 돌보던 태자 소보권(蕭寶卷)은 패전 보고서를 받자 피난 준비를 서둘렀다. 이 소식을 전해들은 왕경측은 껄껄 웃으며 이렇게 말했다.

"단장군(檀將軍)의 '서른여섯 가지 계책 중 도망가는 것이 제일 좋은 계책[三十六計走爲上計]'이었다고 하더라. 이제 너희 부자(父子)에게 남은 건 도망가는 길밖에 없느니라."

이 말은 '단장군이 위(魏 : 北魏)나라 군사와 싸울 때 도망친 것을 비방한 것이다'라고 주석을 붙인 책도 있다.

그 후 관군에게 포위당한 왕경측은 난전중(亂戰中)에게 목이 잘려 죽었다.

[주] **단장군** : 송(宋)나라 무제(武帝)의 건국(建國)을 도운 명장 단도제(檀道濟)를 가리킴.

三人成虎 삼인성호

三 : 석 삼 人 : 사람 인 成 : 이룰 성 虎 : 범 호
[유사어] 증삼살인(曾參殺人), 십작목무부전(十斫木無不顚)
[출전] <韓非子> '內儲設', <戰國策> '魏策 惠王'

[풀이] 세 사람이 짜고 말하면 저잣거리에 호랑이가 나타났다는 말도 할 수 있다는 뜻으로, 거짓말이라도 여러 사람이 하면 곧이듣는다는 말.

춘추전국시대, 위(魏 : 梁)나라 혜왕(惠王) 때의 일이다. 태자와 중신 방총(龐蔥)이 볼모[人質]로 조(趙)나라의 도읍 한단(邯鄲)으로 가게 되었다. 출발을 며칠 앞둔 어느 날 방총이 심각한 얼굴로 혜왕에게 이렇게 물었다.

"전하, 지금 누가 저잣거리에 호랑이가 나타났다고 한다면 전하께서는 믿으시겠습니까?"

"누가 그런 말을 믿겠소."

"하오면, 두 사람이 똑같이 저잣거리에 호랑이가 나타났다고 한다면 어찌하시겠습니까?"

"역시 믿지 않을 것이오."

"만약, 세 사람이 똑같이 아뢴다면 그땐 믿으시겠습니까?"

"그땐 믿을 것이오."

"전하, 저잣거리에 호랑이가 나타날 수 없다는 것은 불을 보듯 명백한 사실이옵니다. 하오나 세 사람이 똑같이 아뢴다면 저잣거리에 호랑이가 나타난 것이 됩니다. 신은 이제 한단으로 가게 되었는데, 한단은 위나라에서 저잣거리보다 억만 배나 멀리 떨어져 있습니다. 게다가 신이 떠난 뒤 신에 대해서 참언(讒言)을 하는 자가 세 사람만은 아닐 것입니다. 전하, 바라옵건대 그들의 헛된 말을 귀담아 듣지 마십시오."

"염려 마오. 누가 무슨 말을 하든 과인은 두 눈으로 본 것이 아니면 믿지 않을 것이오."

그런데 방총이 한단으로 떠나자마자 혜왕에게 참언을 하는 자가 있었다. 수년 후 볼모에서 풀려난 태자는 귀국했으나 혜왕에게 의심을 받은 방총은 끝내 귀국할 수 없었다고 한다.

[주] **방총** : <韓非子>에는 방공(龐恭)이라고 되어 있고 <戰國策>에는 방총 (龐蔥)이라고 되어 있음.

塞翁之馬 새옹지마

塞 : 변방 새 翁 : 늙은이 옹 之 : 갈 지 馬 : 말 마

[원어] 인간만사새옹지마(人間萬事塞翁之馬)

[출전] <淮南子> '人生訓'

[풀이] 세상만사가 변전무상(變轉無常)해서 인생의 길흉화복(吉凶禍福)을 예측할 수 없다는 뜻으로 길흉화복의 덧없음의 비유한 말.

옛날 중국 북방의 요새(要塞) 근처에 점을 잘 치는 한 노옹(老翁)이 살고 있었는데 어느 날 이 노옹의 말[馬]이 오랑캐 땅으로 달아났다. 마을 사람들이 이를 위로하자, 노옹은 조금도 애석한 기색 없이 태연하게 말했다.

"누가 아오? 이 일이 복이 되는지."

몇 달이 지난 어느 날 그 말이 오랑캐의 준마(駿馬)를 데리고 돌아왔다. 마을 사람들이 이를 치하하자, 노옹은 조금도 기쁜 기색 없이 태연하게 말했다.

"누가 아오? 이 일이 화가 되는지."

그런데 어느 날 말 타기를 좋아하는 노옹의 아들이 그 오랑캐의 준마를 타다가 떨어져 다리가 부러졌다. 마을 사람들이 이를 위로하자, 노옹은 조금도 슬픈 기색 없이 태연하게 말했다.

"누가 아오? 이 일이 복이 될는지."

그로부터 1년이 지난 즈음 오랑캐가 대거 침입해 오자, 마을 장정들은 징집되어 전선에 나가 싸우다가 모두 전사(戰死)했다. 그러나 노옹의 아들만은 절름발이었기 때문에 무사했다고 한다.

西施矉目 서시빈목

西 : 서녘 서 施 : 베풀 시 矉 : 찡그릴 빈 目 : 눈 목

[동의어] 서시봉심(西施捧心), 서시효빈(西施效矉)

[출전] <莊子> '天運篇'

[풀이] 서시가 눈살을 찌푸린다는 뜻으로, 영문도 모르고 남의
흉내를 내는 것을 비유함, 또는 남의 단점을 장점인 줄 알고
본뜸을 비유한 말.

춘추전국시대 말엽, 오(吳)나라와의 전쟁에서 패한 월왕(越王)
구천(勾踐)은 오왕(吳王) 부차(夫差)의 방심을 유도하기 위해 절세의 미인
서시(西施)를 바쳤다. 그러나 서시는 가슴앓이로 말미암아 고향으로
돌아왔다.

그런데 그녀는 길을 걸을 때 가슴 통증 때문에 늘 눈살을 찌푸리고
걸었다. 이것을 본 그 마을의 추녀(醜女)가 자기도 눈살을 찌푸리고
다니면 예쁘게 보일 것으로 믿고 서시의 흉내를 냈다. 그러자 마을
사람들은 모두 질겁해서 집 안으로 들어가 대문을 굳게 걸어 잠그고
아무도 밖으로 나오려 하지 않았다.

<장자(莊子)> '천운편(天運篇)'에 나오는 이 이야기는 원래
반유교적(反儒敎的)인 장자가 외형에만 사로잡혀 본질(本質)을

꿰뚫어 볼 능력이 없는 사람을 신랄하게 풍자하고 있는 것으로 실로 의미심장(意味深長)하다.

춘추전국시대 말엽의 난세(亂世)에 태어난 공자가 그 옛날 주왕조(周王朝)의 이상정치(理想政治)를 그대로 노(魯)나라와 위(衛)나라에 재현시키려는 것은 마치 '서시빈목'을 흉내 내는 추녀의 행동과 같은 것이라는 것이다.

先始於隗 선시어외

先 : 먼저 선 始 : 비로소 시 於 : 어조사 어 隗 : 높을 외

[출전] <戰國策> '燕策 昭王'

[풀이] '먼저 외(隗)부터 시작하라'는 뜻으로, 가까이 있는 나(너)부터 또는 말한 사람(제안자)부터 시작하라는 말.

　춘추전국시대, 연(燕)나라가 영토의 태반을 제(齊)나라에 빼앗기고 있을 때의 일이다. 이런 어려운 시기에 즉위한 소왕(昭王)은 어느 날, 재상 곽외(郭隗)에게 실지(失地) 회복에 필요한 인재를 모으는 방법을 물었다. 곽외는 이렇게 대답했다.

　"신은 이런 이야기를 들은 적이 있습니다. 옛날에 어느 왕이 천금(千金)을 가지고 천리마를 구하려 했으나 3년이 지나도 얻지 못했습니다. 어느 날, 잡일을 맡아보는 신하가 천리마를 구해 오겠다고 자청하므로 왕은 그에게 천금을 주고 그 일을 맡겼습니다. 그는 석 달 뒤에 천리마가 있는 곳을 알고 달려갔으나 애석하게도 그 말은 그가 도착하기 며칠 전에 죽었다고 합니다. 그런데 그가 그 '죽은 말의 뼈를 오백(五百) 금이나 주고 사 오자[賈死馬骨]', 왕은 진노하여 '과인이 원하는 것은 산 천리마인데 누가 죽은 말 뼈에 오백 금을 버리라고 했느냐'며 크게 꾸짖었습니다. 그러자 그는 '이제 세상 사람들이 천리마라면 그 뼈조차 거금으로 산다는 것을 안 만큼 머지않아 반드시 천리마를 끌고 올 것'이라고 말했습니다. 과연 그 말대로 1년이 안 되어 천리마가 세 필이나 모였다고 합니다. 하오니 전하께서 진정으로 현재(賢才)를 구하신다면 '먼저 신 외부터[先始於隗]' 스승의 예를 받도록 하소서. 그러면 외 같은 사람도 저렇게 후대를 받는다며 신보다 어진 사람들이 천리 길도 멀다 않고 스스로 모여들 것입니다."

소왕은 곽외의 말을 옳게 여겨 그를 위해 황금대(黃金臺)라는 궁전을 짓고 스승으로 예우했다. 이 일이 제국(諸國)에 알려지자, 천하의 현재들이 다투어 연나라로 모여들었는데 그 중에는 조(趙)나라의 명장 악의(樂毅)를 비롯하여 음양설(陰陽說)의 비조(鼻祖)인 추연(鄒衍), 대정치가인 극신(劇辛)과 같은 큰 인물도 있었다. 이들의 보필을 받은 소왕은 드디어 제국(諸國)의 군사와 함께 제(齊)나라를 쳐부수고 숙원을 풀었다.

[주] 매사마골 : 쓸데없는 것을 사서 요긴한 것이 오기를 기다린다, 쓸데없는 것이라도 소중히 다루면 현인은 그에 끌려 자연히 모여든다는 뜻으로 쓰이는 말.

先則制人 선즉제인

先 : 먼저 선 則 : 곧 즉, 법 칙 制 : 억제할 제 人 : 사람 인

[유사어] 진승오광(陳勝吳廣)

[출전] <史記> '項羽本記', <漢書> '項籍專'

[풀이] 선수를 치면 남을 제압할 수 있다는 뜻으로, 남보다 앞서서
일을 꾀하면 남을 제압할 수 있다는 말.

진(秦)나라 2세 황제 원년(元年)의 일이다. 진시황(秦始皇) 이래
계속되는 폭정에 항거하여 대택향[大澤鄕 : 안휘성 기현(安徽省 蘄縣)]에서
900여 명의 농민군을 이끌고 궐기한 날품팔이꾼 진승(陳勝)과
오광(吳廣)은 단숨에 기현을 석권하고 진[秦 : 하남성 회양(河南省 淮陽)]에
입성했다. 이어 이곳에 장초(張楚)라는 나라를 세우고 왕위에 오른
진승은 옛 6개국의 귀족들과 그 밖의 반진(反秦) 세력을 규합하여
진나라의 도읍 함양(咸陽)을 향해 진격했다.

이에 자극을 받은 강동(江東)의 회계군수(會稽君守) 은통(殷通)은
군도(郡都) 오중[吳中 : 강소성 오현(江蘇省 吳縣)]의 유력자인 항량(項梁)을
불러 거병을 의논했다.

항량은 진나라 군사에게 패사(敗死)한 옛 초(楚)나라 명장이었던
항연(項燕)의 아들인데, 고향에서 살인을 하고 조카인 적[籍 : 항우(項羽)의
이름]과 함께 오중으로 도망온 뒤 타고난 통솔력을 십분 발휘하여 곧

오중의 실력자가 된 젊은이다.

"지금 강서(江西 : 안휘성·하남성) 지방에서는 모두들 진나라에 반기를 들었는데, 이는 하늘이 진나라를 멸망코자 하는 시운(時運)이 되었기 때문이오, 내가 듣건대 '선수를 치면 남을 제압할 수 있고[先則制人]', 뒤지면 남에게 제압당한다고[後則人制] 했소. 그래서 나는 그대와 환초를 장군으로 삼아 군사를 일으킬까 하오."

은통은 오중의 실력자일 뿐 아니라 병법에도 조예가 깊은 항량을 이용, 출세의 실마리를 잡아볼 속셈이었으나 항량은 그보다 한 수 위였다.

"거병하려면 우선 환초부터 찾아야 하는데, 그의 행방을 알고 있는 자는 오직 제 조카인 적뿐입니다. 그러니 지금 밖에 와 있는 그에게 환초를 불러오라고 하명하시지요."

"그럽시다. 그럼, 그를 들라 하시오."

항량은 뜰아래 대기하고 있는 항우에게 다가가 귀엣말로 이렇게 일렀다.

"내가 눈짓을 하거든 지체 없이 은통의 목을 치도록 하라."

항우를 데리고 방에 들어온 항량은 항우가 은통에게 인사를 마치고 자기를 쳐다보는 순간 눈짓을 했다. 항우는 칼을 빼자마자 비호같이 달려들어 은통의 목을 쳤다. 항량과 항우가 은통에 앞서 '선즉제인'을 몸소 실행한 것이다.

항량은 곧바로 관아를 점거한 뒤에 스스로 회계의 군수가 되어 8,000여 군사를 이끌고 함양으로 진격하던 중 전사하고 말았다. 뒤이어 회계군의 총수가 된 항우는 훗날 한왕조(漢王朝)를 이룩한 유방(劉邦)과 더불어 진나라를 멸망시켰다.

그러나 그 후 유방과 5년간에 걸쳐 천하의 패권을 다투다가 패하여 자결하고 말았다.

少年易老學難成 소년이로학난성

少 : 젊을 소 易 : 쉬울 이 老 : 늙을 로 學 : 배울·학문 학
難 : 어려울 난
[출전] 주자(朱子)의 <朱文公文集> '勸學文'

[풀이] 소년은 늙기 쉬우나 학문은 이루기 어렵다는 말.

이 말은 남송(南宋)의 대유학자(大儒學者)로서 송나라의 이학(理學)을 대성한 주자(朱子 : 朱熹)의 <주문공문집(朱文公文集)> '권학문(勸學文)'에 나오는 시의 첫 구절이다.

소년은 늙기 쉬우나 학문을 이루기는 어렵다
순간순간의 세월을 헛되이 보내지 마라
연못가의 봄풀이 채 꿈도 깨기 전에
계단 앞 오동잎이 가을을 알린다
少年易老學難成(소년이로학난성)
一寸光陰不可輕(일촌광음불가경)
未覺池塘春草夢(미각지당춘초몽)
階前梧葉已秋聲(계전오엽이추성)

[참고] 주자십회(朱子十悔)

부모에게 효도하지 않으면, 돌아가신 후에 뉘우친다.

(不孝父母, 死後悔 불효부모 사후회)

가족에게 친절히 하지 않으면, 멀어진 뒤에 뉘우친다.

(不親家族, 疎後悔 불친가족 소후회)

젊을 때 부지런히 배우지 않으면, 늙어서 뉘우친다.

(少不勤學, 老後悔 소불근학 노후회)

편안할 때 어려움을 생각하지 않으면, 실패한 뒤에 후회한다.

(安不思難, 敗後悔 안불사난 패후회)

부유할 때 아껴 쓰지 않으면, 가난하게 된 후 후회한다.

(富不儉用, 貧後悔 부불검용 빈후회)

봄에 밭 갈고 씨 뿌리지 않으면, 가을이 된 후에 후회한다.

(春不耕種, 秋後悔 춘불경종 추후회)

담장을 미리 고치지 않으면, 도둑맞은 후에 후회한다.

(不治垣墻, 盜後悔 불치원장 도후회)

이성을 삼가지 않으면, 병든 후에 후회한다.

(色不謹愼, 病後悔 색불근신 병후회)

술 취해서 망언하면, 술 깨고 난 후에 후회한다.

(醉中妄言, 醒後悔 취중망언 성후회)

손님을 잘 대접하지 않으면, 손님이 떠난 후에 후회한다.

(不接賓客, 去後悔 부접빈객 거후회)

首鼠兩端 수서양단

首 : 머리 수 鼠 : 쥐 서 兩 : 두 량 端 : 끝·실마리 단

[동의어] 수시양단(首施兩端) [유사어] 좌고우면(左顧右眄)

[출전] <史記> '魏其武侯列傳'

[풀이] 구멍에서 머리만 내밀고 좌우를 살피는 쥐라는 뜻으로, 진퇴와 거취를 정하지 못하고 망설이는 상태나 두 마음을 가지고 기회를 엿봄을 말함.

중국 전한시대 7대 황제인 무제(武帝) 때의 일이다. 5대 문제(文帝)의 황후의 조카인 위기후(魏其侯) 두영(竇嬰)과 6대 경제(景帝)의 황후의 동생인 무안후(武安侯) 전분(田蚡)은 같은 외척이었지만, 당시 연장자인 두영은 서산낙일(西山落日)하는 고참 대장군이었고, 전분은 욱일승천(旭日昇天)하는 신진 재상이었다.

그런데 어느 날 두영의 친구인 관부(灌夫) 장군이 고관대작(高官大爵)들이 모인 주연에서 전분에게 대드는 실수를 범했다. 사건의 발단은 관부가 두영을 무시한 한 고관을 힐책(詰責)하는 과정에서 전분이 그를 두둔하고 나섰기 때문이다. 관부가 한사코 사죄를 거부하자, 이 일은 결국 조의(朝議)에 오르게 되었다. 양쪽 주장을 다 들은 무제는 중신들에게 물었다.

"경들이 판단컨대 어느 쪽이 잘못이 있는 것 같소?"

처음에는 의견이 둘로 나뉘었으나 시간이 지남에 따라 두영의 추종자로 알려진 내사(內史 : 도읍을 다스리는 벼슬) 정당시(鄭當時)조차 우물쭈물 얼버무리는 애매한 태도를 취했다. 그러자 어사대부(御史大夫 : 감찰기관의 으뜸 벼슬) 한안국(韓安國)도 명확한 대답을 피했다.

"폐하, 양쪽 다 일리가 있어 흑백 가리기가 심히 어렵나이다."

중신들의 불분명한 태도에 실망한 무제가 자리를 뜨자, 조의는 거기서 끝났다. 전분은 화가 나서 한안국을 책망했다.

"그대는 어찌하여 '구멍에서 머리만 내밀고 좌우를 살피는 쥐[首鼠兩端]'처럼 망설였소? 이 사건은 시비곡직(是非曲直)이 불을 보듯 훤한 일인데…"

漱石枕流 수석침류

漱 : 양치질 수 石 : 돌 석 枕 : 베개 침 流 : 흐를 류
[유사어] 견강부회(牽強附會), 아전인수(我田引水)
[출전] <晉書> '孫楚傳'

[풀이] 돌로 양치질하고 흐르는 물을 베개로 삼는다는 뜻으로, 억지를 쓰거나 억지로 발라 맞춰 발뺌을 함. 또는 남에게 지기 싫어서 억지가 센 것을 비유한 말.

중국 진(晉)나라 초엽, 풍익태수(馮翊太守)를 지낸 손초(孫楚)가 벼슬길에 나가기 전 젊었을 때의 일이다. 당시 사대부간에는 속세의 도덕·명문(名聞)을 경시하고 노장(老莊)의 철리(哲理)를 중히 여겨 담론하는 이른 바 청담(淸談)이 유행하던 때였다. 그래서 손초도 죽림칠현(竹林七賢)처럼 속세를 떠나 산림에 은거하기로 작정하고, 어느 날 친구인 왕제(王濟)에게 흉금을 털어놓았다. 이때 '돌을 베개 삼아 눕고, 흐르는 물로 양치질하는 생활을 하고 싶다[枕流漱石]'는 것을, 반대로 '돌로 양치질하고, 흐르는 물을 베개로 삼겠다[漱石枕流]'고 잘못 말했다. 왕제가 웃으며 실언을 지적하자, 자존심이 강한데다 문재(文才)까지 뛰어난 손초는 서슴없이 이렇게 강변했다.

"흐르는 물을 베개로 삼겠다는 것은 옛날 은사(隱士)인 허유(許由)와 같이 쓸데없는 말을 들었을 때 귀를 씻기 위해서이고, 돌로 양치질한다는 것은 이를 닦기 위해서라네."

水滴穿石 수적천석

水 : 물 수 滴 : 물방울 적 穿 : 뚫을 천 石 : 돌 석

[유사어] 우공이산(愚公移山), 적토성산(積土成山)

[출전] <鶴林玉露>

[풀이] 물방울이 돌을 뚫는다는 뜻으로, 작은 노력이라도 끈기 있게 계속하면 큰일을 이룰 수 있음을 비유한 말. 또는 작은 것이라도 모이고 쌓이면 큰 것이 되거나 큰 힘을 발휘한다는 뜻.

중국 북송(北宋)시대 숭양 현령(崇陽縣令)에 장괴애(張乖崖)라는 사람이 있었다. 어느 날 그는 관아를 돌아보다가 창고에서 황급히 튀어나오는 한 구실아치를 발견했다. 당장 잡아서 조사해보니 상투 속에서 한 푼짜리 엽전 한 닢이 나왔다. 엄히 추궁하자 창고에서 훔친 것이라고 한다. 즉시 형리(刑吏)에게 명하여 곤장을 치라고 했다. 그러자 그 구실아치는 장괴애를 노려보며 이렇게 말했다.

"이건 너무 하지 않습니까? 사또, 까짓 엽전 한 푼 훔친 게 뭐 그리 큰 죄라고."

이 말을 듣자 장괴애는 화가 머리끝까지 치밀었다.

"네 이놈! 티끌 모아 태산[塵合泰山]이란 말도 못 들었느냐? 하루 한 푼[一文]이라도 천 날이면 천 푼이요, '물방울도 끊임없이 떨어지면 돌에 구멍을 뚫는다[水滴穿石]'고 했다."

　장괴애는 말을 마치자마자 층계 아래 있는 죄인 곁으로 다가가 칼을 빼서 목을 치고 말았다. 이 같은 일은 당시 상관을 무시하는 구실아치의 잘못된 풍조를 고치려는 행위였다고 <옥림학로(玉林鶴露)>는 쓰고 있다.

[쥐] '수적천석'은 우리나라의 속담(俗談) '낙숫물이 댓돌[臺石]을 뚫는다'라는 말과 같은 뜻으로 쓰이는 고사성어이다.　**구실아치** : 각 관아(官衙)에서 벼슬아치(官員) 밑에서 일을 보던 사람. 아전(衙前). 이속(吏屬). 서리(胥吏). 소리(小吏). 하전(下典).

水淸無大魚 수청무대어

水 : 물 수 淸 : 맑을 청 無 : 없을 무 大 : 클 대
魚 : 고기 어 [원어] 수지청즉무어(水至淸則無魚)
[출전] <後漢書> '班超專', <孔子家語>

[풀이] 물이 너무 맑으면 큰 물고기가 살 수 없다는 뜻으로, 사람이 너무 결백하면 남이 가까이하지 않음을 비유한 말.

중국 후한시대 초엽, <한서(漢書)>의 저자로 유명한 반고(班固)의 동생에 반초(班超)라는 무장이 있었다. 반초는 2대 황제인 명제(明帝) 때 지금의 신강성(新疆省) 타림 분지의 동쪽에 있었던 선선국[鄯善國 : 누란(樓蘭)]에 사신으로 다녀오는 등 끊임없이 활약한 끝에 서쪽 오랑캐 땅의 50여 나라를 복속(服屬)시켜 한나라의 위세를 크게 떨쳤다.

그는 그 공으로 4대 화제(和帝) 때인 영원(永元) 3년에 지금의 신강성 위구르 자치구의 고차(庫車 : 당시 실크로드의 요충)에 설치되었던 서역도호부(西域都護府)의 도호(都護 : 총독)가 되어 정원후(定遠侯)에 봉해졌다. 도호의 직책은 한나라의 도읍 낙양(洛陽)에 왕자를 인질로 복속을 맹세한 서역 50여 나라를 감독, 사찰(査察)하여 이반(離叛)을 방지하는 것이었다.

영원 14년, 반초가 대과(大過)없이 소임을 다하고 귀국하자, 후임

도호로 임명된 임상(任尙)이 부임 인사를 하려고 찾아와서 이런 질문을 했다.

"서역을 다스리는 데 유의할 점은 무엇입니까?"

반초는 이렇게 대답했다.

"자네 성격이 너무 결백하고 조급한 것 같아 그게 걱정이네. 원래 '물이 너무 맑으면 큰 물고기가 살지 않는 법[水淸無大魚]'이야. 마찬가지로 정치도 너무 엄하게 서두르면 아무도 따라오지 않네. 그러니 사소한 일은 덮어두고 대범하게 다스리도록 하게나."

임상은 반초의 말을 귀담아 듣지 않았다. 묘책을 듣고자 했던 기대와는 달리 이야기가 너무나 평범했기 때문이다. 임지에 부임한 임상은 반초의 조언을 무시한 채 자기 소신대로 다스렸다. 그 결과 부임 5년 후인 6대 안제(安帝) 때 서역 50여 나라는 모두 한나라를 이반하고 말았다. 따라서 서역도호부도 폐지되고 말았다.

脣亡齒寒 순망치한

脣 : 입술 순   亡 : 망할 망   齒 : 이 치   寒 : 찰 한

[동의어] 순치지국(脣齒之國), 순치보거(脣齒輔車)

[출전] <春秋左氏專> '僖公五年條'

[풀이] 입술을 잃으면 이가 시리다는 뜻으로, 서로 도우며 떨어질 수 없는 밀접한 관계, 또는 서로 도움으로써 성립되는 관계를 비유하는 말.

중국 춘추전국시대 말엽, 오패(五霸)의 한 사람인 진(晉)나라 문공(文公)의 아버지 헌공(獻公)이 괵(虢)·우(虞) 두 나라를 공략할 때의 일이다.

괵나라를 치기로 결심한 헌공은 통과국인 우나라의 우공(虞公)에게 길을 빌려주면 많은 재보(財寶)를 주겠다고 제의했다. 우공이 이 제의를 수락하려 하자, 중신 궁지기(宮之奇)가 극구 간했다.

"전하, 괵나라와 우나라는 한 몸이나 다름없는 사이오라 괵나라가 망하면 우나라도 망할 것입니다. 옛 속담에도 덧방나무와 수레는 서로 의지하고[輔車相依], '입술이 없어지면 이가 시리다[脣亡齒寒]'란 말이 있는데, 이는 곧 괵나라와 우나라를 두고 한 말이라고 생각됩니다. 그런 가까운 사이인 괵나라를 치려는 진나라에 길을 빌려준다는 것은 언어도단(言語道斷)입니다."

"경은 진나라를 오해하고 있는 것 같소. 진나라와 우나라는 모두 주황실(周皇室)에서 갈라져 나온 동종(同宗)의 나라가 아니오? 그러니 해를 줄 리가 있겠소?"

"괵나라 역시 동종입니다. 하오나 진나라는 동종의 정리를 잃은 지 오래입니다. 예컨대 지난날 진나라는 종친(宗親)인 제(齊)나라 환공(桓公)과 초(楚)나라 장공(莊公)의 겨레붙이까지 죽인 일도 있지 않습니까? 전하, 그런 무도한 진나라를 믿어선 안 됩니다."

그러나 재보에 눈이 먼 우공은 결국 진나라에 길을 내주고 말았다. 그러자 궁지기는 화가 미칠 것을 두려워하여 일가권속(一家眷屬)을 이끌고 우나라를 떠났다.

그 해 12월, 괵나라를 멸하고 돌아가던 진나라 군사는 궁지기의 예언대로 우나라를 공략하고 우공을 포로로 잡아갔다.

雁書 안서

雁 : 기러기 안 書 : 글·쓸·편지·책 서

[동의어] 안찰(雁札), 안신(雁信), 안백(雁帛)

[출전] <漢書> '蘇武專'

[풀이] 철 따라 이동하는 기러기가 먼 곳에 소식을 전한다는 뜻으로, 편지를 일컫는 말.

중국 한(漢)나라시대 소제(昭帝)는 선제(先帝)인 무제(武帝) 때 포로 교환 차 사절단을 이끌고 흉노(匈奴)의 땅에 들어갔다가 그곳에 억류 당한 중랑장(中郞將) 소무(蘇武)의 귀환을 위해 특사를 파견했다. 현지에 도착한 특사가 곧바로 흉노의 우두머리인 선우(單于)에게 소무의 석방을 요구하자, 선우는 '소무는 벌써 여러 해 전에 죽었다'며 대화에 응하려 하지 않았다. 그날 밤에 상혜(常惠)라는 사람이 은밀히 특사의 숙소로 찾아와 이렇게 말했다.

"나는 소무를 따라왔다가 흉노의 내란에 말려 일행이 모두 잡힌 뒤 투항한 사람 중 하나요. 그런데 그때 끝까지 항복을 거부한 소무는 북해(北海) 변방으로 추방당한 뒤 아직도 그곳에서 혼자 어렵게 살아가고 있소."

이튿날 특사는 선우를 만나 따지듯이 말했다.

"내가 이곳에 오기 전에 황제께서 사냥을 하시다가 활로 기러기 한 마리를 잡았는데, 그 기러기 발목에는 헝겊이 감겨 있었습니다. 그래서 풀어보니 '소무는 대택(大澤 : 큰 못) 근처에 있다'고 적혀 있었습니다. 이것만 봐도 소무는 살아 있는 게 분명하지 않습니까?"

안색이 변한 선우는 부하와 몇 마디 나누더니 이렇게 말했다.

"어제는 내가 내용을 잘 모르고 실언을 한 것 같소. 그는 살아 있다고 하오."

꾸며댄 이야기가 제대로 들어맞은 것이다. 며칠 후 흉노의 사자(使者)가 데려온 소무는 몰골이 말이 아니었으나 그의 손에는 한나라 사신의 증표인 부절(符節)이 굳게 쥐어져 있었다. 이 고사에 연유하여 그 후 편지를 안서라고 일컫게 되었다.

眼中之釘 안중지정

眼 : 눈 안　中 : 가운데 중　之 : 갈 지　釘 : 못 정

[동의어] 안중정(眼中釘)

[출전] <新五代史> '趙在禮專'

[풀이] 눈에 박힌 못이라는 뜻으로, 나에게 해를 끼치는 사람을 말함. 또는 몹시 싫거나 미워서 항상 눈에 거슬리는 사람(눈엣가시)을 비유한 말.

중국 당나라시대 말엽, 혼란기에 조재례(趙在禮)라는 악명 높은 탐관오리가 있었다. 그는 하북 절도사(河北節度使) 유인공(劉仁恭)의 수하 무장이었으나 토색(討索)질한 재무를 고관대작에게 상납, 출세 길에 오른 뒤 후량(後梁)·후당(後唐)·후진(後晉)의 세 왕조에 걸쳐 절도사를 역임했다.

송주(宋州)에서도 백성들의 재물을 한껏 착취한 조재례가 영흥(永興) 절도사로 영전해서 전임하게 되자, 송주의 백성들은 춤을 추며 기뻐했다.

"그 놈이 떠나가게 되었다니 이젠 살았다. 마치 '눈에 박힌 못[眼中之釘]'이 빠진 것 같군."

이 말이 전해지자, 화가 난 조재례는 보복을 하기 위해 1년만 더

유임시켜 줄 것을 조정에 청원했다. 청원이 수용되자, 그는 즉시 '못 빼기 돈[拔釘錢(발정전)]'이라 일컫고 1,000푼씩 납부하라는 엄명을 내렸다. 미납자는 가차 없이 투옥하거나 태형에 처했다. 이처럼 악랄한 수법으로 착취한 돈이 1년간에 자그마치 100만 관(貫)이 넘었다고 한다.

暗中摸索 암중모색

暗 : 어두울 암 中 : 가운데 중 摸 : 더듬을 모 索 : 찾을 색

[동의어] 암중모착(暗中摸捉) [유사어] 오리무중(五里霧中)

[출전] <隋唐佳話>

[풀이] 어둠 속에서 손으로 더듬어 찾는다는 뜻으로, 어림짐작으로 찾거나 추측한다는 말.

중국 역사상 유일한 여제(女帝)였던 측천무후(則天武后) 때 허경종(許敬宗)이란 학자가 있었다. 그는 경망한데다가 방금 만났던 사람조차 기억하지 못할 정도로 건망증이 심했다. 어느 날 친한 친구가 허경종의 건망증을 비웃자, 그는 이렇게 대꾸했다.

"자네 같은 이름 없는 사람의 얼굴이야 기억할 수 없지만, 조식 (曹植)이나 사령운(謝靈運) 같은 문장의 대가라면 '암중모색'을 해서라도 알 수 있다네."

[주] 조식 : 조조(曹操)의 셋째 아들. 뛰어난 시재(詩才)를 시기하는 형 문제[文帝 : 후한을 멸하고 위(魏)나라를 세운 조비(曹丕)]의 명을 받고 지은 <칠보시(七步詩)>는 특히 유명함. 사령운 : 남북조 시대 남송(南宋)의 시인. 별명 사강락(謝康樂). 서정(抒情)을 바탕으로 하는 중국 문화 사상에 산수시(山水詩)의 길을 열어 놓음에 따라 '산수 시인'이라 불리기도 함. <산수시>, <산거적(山居賊)> 등의 시집을 남김.

良禽擇木 양금택목

良 : 좋을 량 禽 : 새 금 擇 : 가릴 택 木 : 나무 목

[동의어] 양금상목서(良禽相木棲)
[출전] <春秋左氏專> '衷公十八年條', <三國志> '蜀志'

[풀이] 현명한 새는 좋은 나무를 가려서 둥지를 만든다는 뜻으로,
현명한 사람은 자기의 재능을 키워 줄 훌륭한 사람을 가려서
섬긴다는 말.

춘추전국시대, 유가(儒家)의 비조(鼻祖)인 공자가 치국(治國)의 도를
널리 유세(遊說)하기 위해 위(衛)나라에 갔을 때의 일이다. 어느 날
공문자(孔文子)가 대숙질(大叔疾)을 공격하기 위해 공자에게 상의하자,
공자는 이렇게 대답했다.

"제사 지내는 일에 대해선 배운 일이 있습니다만, 전쟁에 대해선
전혀 아는 것이 없습니다."

그 자리를 물러 나온 공자는 제자에게 서둘러 수레에 말을 매라고
일렀다. 제자가 그 까닭을 묻자, 공자는 '한시라도 빨리 위나라를
떠나야겠다'며 이렇게 대답했다.

"현명한 새는 좋은 나무를 가려서 둥지를 친다[良禽擇木]고 했다.
마찬가지로 신하가 되려면 마땅히 훌륭한 군주를 가려서 섬겨야 하느니라."

이 말을 전해들은 공문자는 황급히 객사로 달려와 공자의 귀국을
만류했다.

"나는 결코 딴 뜻이 있어서 물었던 것이 아니오. 다만 위나라의
대사에 대해 물어 보고 싶었을 뿐이니 언짢게 생각 말고 좀더
머물도록 하시오."

공자는 기분이 풀리어 위나라에 머물려고 했으나 때마침
노(魯)나라에서 사람이 찾아와 귀국을 간청했다. 그래서 고국을 떠난
지 오래인 공자는 노구(老軀)에 스미는 고향 생각에 사로잡혀 서둘러
노나라로 돌아갔다.

羊頭狗肉 양두구육

羊 : 양 양　頭 : 머리 두　狗 : 개 구　肉 : 고기 육

[원어] 현양두매구육(懸羊頭賣拘肉)

[출전] <晏子春秋>, <無門關>, <揚子法言>

[풀이] 밖에는 양 머리를 걸어 놓고 안에서는 개고기를 판다는 뜻으로, 좋은 물건을 내걸고 나쁜 물건을 팔거나 겉과 속이 일치하지 않음을 비유한 말. 또 겉으로는 훌륭하나 속은 전혀 다른 속임수를 말함.

　중국 춘추전국시대, 제(齊)나라 영공(靈公)때의 일이다. 영공은 궁중의 여인들에게 남장(男裝)을 시켜 즐기는 별난 취미를 가지고 있었다.

　그런데 이러한 취미가 백성들 사이에도 유행되어 남장한 여인이 날로 늘어났다. 그러자 영공은 재상인 안영(晏嬰 : 晏子)에게 '궁 밖에서 남장하는 여인들을 처벌하라'는 금령을 내리게 했다. 그러나 유행은 좀처럼 수그러들지 않았다. 영공이 안영에게 그 까닭을 묻자, 그는 이렇게 대답했다.

　"전하께서는 궁중의 여인들에게는 남장을 허용하시면서 궁 밖의 여인들에게는 금령을 내리셨습니다. 하오면 이는 '밖에는 양 머리를 걸어 놓고 안에서는 개고기를 파는 것[羊頭狗肉]'과 같습니다. 이제라도 궁중의 여인들에게 남장을 금하십시오. 그러면 궁 밖의 여인들도 감히 남장을 하지 못할 것입니다."

영공은 안영의 진언에 따라 즉시 궁중의 여인들에게 남장 금지령을
내렸다. 그러자 그 이튿날부터 제나라에서는 남장한 여인을 찾아볼 수
없었다고 한다.

梁上君子 양상군자

梁:들보 량 上:위 상 君:임금 군 子:아들 자

[출전] <後漢書> '陳寔專'

[풀이] 대들보 위의 군자라는 뜻으로, 집안에 들어온 도둑을 높이어 부른 말. 또는 천장 위의 쥐를 달리 일컫는 말.

중국 후한시대 말엽, 진식(陳寔)이란 사람이 태구현(太丘縣) 현령(縣令)으로 있을 때의 일이다. 그는 늘 겸손한 자세로 현민(縣民)들의 고충을 헤아리고 매사를 공정하게 처리함으로써 현민들의 존경을 한 몸에 모았다.

그런데 어느 해에 흉년이 들어 현민들의 생계가 몹시 어려웠다. 그러던 어느 날 밤에 진식이 대청에서 책을 읽고 있는데 웬 사나이가 몰래 들어와 대들보 위에 숨었다. 도둑이 분명했다. 진식은 모르는 척하고 독서를 계속하다가 아들과 손자들을 대청으로 불러 모았다. 그리고 이렇게 말했다.

"사람은 스스로 노력하지 않으면 안 된다. 악인이라 해도 모두 본성이 악해서 그런 것은 아니다. 습관이 어느덧 성품이 되어 악행을 하게 되느니라. 이를테면 지금 '대들보 위에 있는 군자[梁上君子]'도 그렇다."

그러자 '쿵!' 하는 소리가 났다. 진식의 말에 감동한 도둑이 대들보에서 뛰어내린 것이다. 그는 마룻바닥에 조아리고 사죄했다. 진식이 그를 한참 바라보다가 입을 열었다.

"네 얼굴을 보아하니 악인은 아닌 것 같다. 오죽이나 어려웠으면 이런 짓을 했겠나."

진식은 그에게 비단 두 필을 주어 보냈다고 한다.

良藥苦口 양약고구

良 : 좋을 량 藥 : 약 약 苦 : 괴로울·쓸 고 口 : 입 구

[원어] 양약고어구(良藥苦於口)

[출전] <史記> '留侯世家', <孔子家語> '六本篇'

[풀이] 좋은 약은 입에 쓰다는 뜻으로, 충언(忠言)은 귀에 거슬린다는 말.

　중국 천하를 통일했던 진(秦)나라 시황제가 죽자, 다시 천하는 동요하기 시작했다. 그간 시황제의 학정에 시달려온 민중이 각지에서 진나라 타도의 깃발을 들고 나섰기 때문이었다.

　그 중 유방(劉邦)은 역전(歷戰) 3년 만에 경쟁자인 항우(項羽)보다 한 걸음 앞서 진나라의 도읍 함양(咸陽)에 입성했다.

　유방은 3세 황제 자영(子嬰)에게 항복을 받고 왕궁으로 들어갔다. 호화찬란한 궁중에는 온갖 재보와 꽃보다 아름다운 궁녀들이 밤하늘의 별만큼이나 많았다. 원래 술과 여자를 좋아하던 유방은 마음이 동하여 그대로 궁중에 머물려고 했다.

　그러자 강직한 용장 번쾌(樊噲)가 간했다.

　"아직 천하는 통일되지 않았습니다. 지금부터가 큰일이니 지체 없이 왕궁을 물러나 적당한 곳에 진을 치도록 하십시오."

　유방이 듣지 않자, 이번에는 현명한 참모로 이름난 장량(張良)이 간했다.

"당초 진나라가 무도한 폭정을 했기 때문에 전하 같은 서민이 왕궁에 들어올 수 있었던 것입니다. 지금 전하의 임무는 잔적(殘敵)을 소탕과 민심 안정입니다. 그런데도 재보와 미색(美色)에 현혹되어 포악한 진왕(秦王)의 음락(淫樂)을 배우려 하신다면 못된 왕의 전철을 밟게 될 것입니다. 원래 '충언은 귀에 거슬리나 행실에 이롭고[忠言逆於耳利於行], 독한 약은 입에 쓰나 병에는 이롭다[毒藥苦於口而利於病]'고 했습니다. 부디 번쾌의 진언을 들으십시오."

유방은 불현듯 깨닫고 왕궁을 물러나 패상(霸上)에 진을 쳤다.

이 '양약고구'란 말은 <공자가어(孔子家語)>에도 실려 있다.

"좋은 약은 입에 쓰나 병에 이롭고, 충심으로 간하는 말은 귀에 거슬리나 행실에 이롭다. 은나라 탕왕(湯王)은 간하는 충신이 있었기에 번창했고, 하나라 걸왕과 은나라 주왕은 따르는 신하만 있었기에 멸망했다. 임금이 잘못하면 신하가, 아버지가 잘못하면 아들이, 형이 잘못하면 동생이, 자신이 잘못하면 친구가 간해야 한다. 그리하면 나라가 위태롭거나 망하는 법이 없고, 집안에 패덕(悖德)의 악행이 없고, 친구와의 사귐도 끊임이 없을 것이다."

漁父之利 어부지리

漁 : 고기잡을 어 父 : 아비 부 之 : 갈 지 利 : 이로울 리

[동의어] 방휼지쟁(蚌鷸之爭), 견토지쟁(犬兔之爭)

[출전] <戰國策> '燕策'

[풀이] 어부의 이득이라는 뜻으로, 쌍방이 다투는 사이에 제삼자가 힘들이지 않고 이득을 챙긴다는 말.

중국 춘추전국시대, 제(齊)나라에 많은 군사를 파병한 연(燕)나라에 기근이 들자, 이웃 조(趙)나라 혜문왕(惠文王)은 기다렸다는 듯이 침략을 서둘렀다. 그래서 연나라 소왕(昭王)은 종횡가(縱橫家)로서 연나라를 위해 견마지로(犬馬之勞)를 다해 온 소대(蘇代)에게 혜문왕을 설득해주도록 부탁했다.

조나라에 도착한 소대는 세 치의 혀 하나로 합종책(合縱策)을 펴 6국의 재상을 겸임했던 소진(蘇秦)의 동생답게 거침없이 혜문왕을 설득했다.

"오늘 귀국에 돌아오는 길에 역수(易水 : 연·조와 국경을 이루는 강)를 지나다가 문득 강변을 바라보니 조개[蚌蛤(방합)]가 조가비를 벌리고 햇볕을 쬐고 있었습니다. 이때 갑자기 도요새[鷸(휼)]가 날아와 뾰족한 부리로 조갯살을 쪼았습니다. 깜짝 놀란 조개는 화가 나서 조가비를 굳게 닫고 부리를 놓아주지 않았습니다. 그러자 다급해진 도요새가 '이대로 오늘도 내일도 비가 오지 않으면 너는 말라죽고 말 것이다'라고 하자, 조개도 지지 않고 '내가 오늘도 내일도 놓아주지 않으면 너야말로 굶어 죽고 말 것이다' 하고 맞받았습니다. 이렇게 쌍방이 한 치의 양보도 없이 팽팽히 맞서 옥신각신하는 사이에 이곳을 지나가던 어부에게 그만 둘 다 잡혀 버리고 말았습니다.

전하께서는 지금 연나라를 치려고 하십니다만, 연나라가 조개라면 조나라는 도요새입니다. 연·조 두 나라가 공연히 싸워 백성들을 피폐(疲弊)하게 한다면, 귀국과 접해 있는 저 강대한 진(秦)나라가 어부가 되어 맛있는 국물을 다 마셔 버리고 말 것이옵니다."

혜문왕도 명신으로 이름난 인상여(藺相如)와 염파(廉頗)를 중용했던 현명한 왕이니 소대의 말을 못 알아들을 리가 없었다.

"과연 옳은 말이오."

이리하여 혜문왕은 그 즉시 침공 계획을 철회했다.

緣木求魚 연목구어

緣 : 인연 연　木 : 나무 목　求 : 구할 구　魚 : 고기 어

[유사어] 지천사어(指天射魚)

[출전] <孟子> '梁惠王篇'

[풀이] 나무에 올라 물고기를 구한다는 뜻으로, 도저히 불가능하거나 가당찮은 일을 하려 하거나 잘못된 방법으로 목적을 이루려 함을 비유한 말. 또는 수고만 하고 아무 것도 얻지 못함을 비유한 말.

중국 춘추전국시대 패자(覇者)의 꿈이 있던 제나라 선왕이 맹자에게 이렇게 물었다.

"춘추시대의 패자(覇者)였던 제나라 환공(桓公)과 진(晉)나라 문공(文公)의 패업(覇業)에 대해 듣고 싶소."

"전하께서는 패도에 따른 전쟁으로 백성이 목숨을 잃고, 또 이웃 나라 제후들과 원수가 되기를 원하십니까?"

"원하지 않소. 그러나 과인에겐 대망(大望)이 있소."

"전하의 대망이란 무엇입니까?"

선왕은 웃기만 할 뿐 입을 열려고 하지 않았다. 맹자 앞에서 패도를 논하기가 쑥스러웠기 때문이다.

그래서 맹자는 짐짓 질문을 던져서 선왕의 대답을 유도했다.

"전하, 맛있는 음식과 따뜻한 옷, 아니면 아름다운 여인이 부족하시기 때문입니까?"

"과인에겐 그런 사소한 욕망은 없소"

선왕이 맹자의 교묘한 화술에 말려들려고 하자, 맹자는 다그치듯이 말했다.

"그러시다면 전하의 대망은 천하통일을 하시고 사방의 오랑캐들까지 복종케 하시려는 것이 아닙니까? 하오나 잘못된 방법[무력]으로 그것[천하통일]을 이루려 하시는 것은 마치 '나무에 올라 물고기를 구하는 것[緣木求魚]'과 같습니다."

'잘못된 방법[무력]으로는 목적[천하통일]을 이룰 수 없다'는 말을 듣자 선왕은 깜짝 놀라서 물었다.

"아니, 그토록 무리한 일이오?"

"오히려 그보다 더 심합니다. 나무에 올라 물고기를 구하는 일은 물고기만 구하지 못할 뿐 후난(後難)은 없습니다. 하오나 패도를 쫓다가 실패하면 나라가 멸망하는 재난을 면치 못할 것입니다."

그래서 선왕은 맹자의 왕도정치론을 진지하게 경청했다고 한다.

五里霧中 오리무중

五 : 다섯 오 里 : 마을 리 霧 : 안개 무 中 : 가운데 중

[동의어] 오리무(五里霧)

[출전] <後漢書> '張楷專'

[풀이] 사방(四方) 오리에 걸쳐서 덮여 있는 안개 속이란 뜻으로, 사물의 행방이나 사태의 추이를 알 길이 없음을 비유하는 말.

　중국 후한(後漢)시대 순제(順帝) 때 학문이 뛰어난 장해(張楷)라는 선비가 있었다. 순제가 여러 번 등용하려 했지만 그는 병을 핑계 대고 끝내 출사(出仕)하지 않았다. 장해는 <춘추(春秋)>, <고문상서(古文尙書)>에 통달한 학자로서 평소 거느리고 있는 문하생만 해도 100명을 웃돌았다. 게다가 전국 각처의 숙유(夙儒·宿儒 : 학식과 명망이 높은 선비)들을 비롯하여 귀족·고관대작·환관(宦官)들까지 다투어 그의 문을 두드렸으나 그는 이를 싫어하여 화음산(華陰山) 기슭에 자리한 고향으로 낙향하고 말았다. 그러자 장해를 좇아온 문하생과 학자들로 인해 그의 집은 저자를 이루다시피 붐볐다. 나중에는 화음산 남쪽 기슭에 장해의 자(字)를 딴 공초(公超)라는 저잣거리까지 생겼다고 전한다.
　그런데 장해는 학문뿐 아니라 도술(道術)에도 능하여 쉽사리

'오리무(五里霧)'를 만들었다고 한다. 즉 방술(方術)로 사방 5리에 걸쳐서 안개를 일으켰다는 것이다.

[주] '오리무중(五里霧中)'이란 말은 '오리무'에 '중(中)'자를 더한 것인데 처음부터 '중'자가 붙어 있던 것은 아니라고 함. **방술** : 신선의 술법을 닦는 방사(方士)의 술법.

五十步百步 오십보백보

五:다섯 오 十:열 십 步:걸음 보 百:일백 백

[유사어] 대동소이(大同小異)

[출전] <孟子> '梁惠王篇'

[풀이] 오십 보나 백 보나 마찬가지라는 뜻으로, 정도 차이는 있으나 본질적으로는 같다는 말.

중국 춘추전국시대인 기원전 4세기 중엽, 위(魏)나라 혜왕(惠王)은 진(秦)나라의 압박에 견디다 못해 도읍을 대량(大梁)으로 옮겼다(이후 양나라라고도 불렸음). 그러나 제(齊)나라와의 싸움에서도 늘 패하는 바람에 국력은 더욱 떨어졌다. 그래서 혜왕은 국력 회복을 자문하기 위해 당시 제후들에게 왕도 정치론을 유세 중인 맹자를 초청했다.

"선생이 천리 길도 멀다 않고 이렇게 와준 것은 과인에게 부국강병(富國强兵)의 비책(秘策)을 가르쳐주기 위함이 아니겠소?"

"전하, 저는 귀국의 부국강병과 상관없이 인의(仁義)에 대해 아뢰고자 왔나이다."

"백성을 생각하라는 선생의 인의의 정치라면 과인은 평소부터 힘써 베풀어 왔소. 예컨대 하내(河內) 지방에 흉년이 들면 젊은이들을 하동(河東) 지방으로 옮기고, 늙은이와 아이들에게는 하동에서 곡식을 가져다가 나누어주도록 하고 있소. 그와 반대로 하동에 기근이 들면 하내의 곡식으로 구호하도록 힘쓰고 있지만, 백성들은 과인을 사모하여 모여드는 것 같지 않고, 또 이웃 나라의 백성 수가 줄어들었다는 말도 못 들었소. 대체 어찌 된 일이오?"

"전하께서는 전쟁을 좋아하시니, 전쟁에 비유해서 말씀드리겠습니다. 전쟁터에서 백병전(白兵戰)이 벌어지기 직전, 겁이 난 두 병사가 무기를 버리고 도망쳤습니다. 그런데 오십 보를 도망친 병사가 백 보를 도망친 병사를 보고 '비겁한 놈'이라며 비웃었다면 전하께서는 어떻게 생각하시겠나이까?"

"그런 바보 같은 놈이 어디 있소? 오십 보든 백보든 도망치기는 마찬가지가 아니오?"

"그걸 아셨다면 전하, 백성들 구호하시는 전하의 목적은 인의의 정치와 상관없이 부국강병(富國强兵)을 지향하는 이웃 나라와 무엇이 다르옵니까?"

혜왕은 대답을 못했다. 이웃 나라와 똑같은 목적을 가지고 백성을 구호한 것을 진정으로 백성을 생각해서 구호한 양 자랑한 것이 부끄러웠기 때문이다.

吳越同舟 오월동주

吳 : 오나라 오　越 : 월나라 월　同 : 한가지 동　舟 : 배 주

[동의어] 오월지쟁(吳越之爭), 오월지사(吳越之思)

[출전] <孫子> '九地篇'

[풀이] 적대(敵對) 관계에 있는 오나라와 월나라 사람이 같은 배를 타고 있다는 뜻으로, 서로 적의를 품은 사람끼리 같은 장소, 처지에 놓이거나 원수끼리 함께 있음을 나타낸 말. 또는 적의를 품은 사람끼리라도 필요한 경우에는 서로 돕는다는 말.

<손자(孫子)>라는 책은 중국의 유명한 병서(兵書)로서 춘추 시대 오나라의 손무(孫武)가 쓴 것이다. 손무는 오왕(吳王) 합려(闔閭) 때 서쪽으로는 초(楚)나라의 도읍을 공략하고, 북방 제(齊)나라와 진(晉)나라를 격파한 명장이기도 했다.

<손자> '구지편(九地篇)'에는 다음과 같은 글이 실려 있다.

"병(兵)을 쓰는 법에는 아홉 가지의 지(地)가 있다. 그 구지 중 최후의 것을 사지(死地)라 한다. 주저 없이 일어서 싸우면 살길이 있고, 기가 꺾이어 망설이면 패망하고 마는 필사(必死)의 지이다. 그러므로 사지에 있을 때는 싸워야 활로(活路)가 열린다. 나아갈 수도 물러설 수도 없는 필사의 장(場)에서는 병사들이 한마음, 한뜻이 되어 필사적으로

싸울 것이기 때문이다. 이때 유능한 장수의 용병술(用兵術)은 예컨대 상산(常山)에 서식하는 솔연(率然)이란 큰 뱀의 몸놀림과 같아야 한다. 머리를 치면 꼬리가 날아오고 꼬리를 치면 머리가 덤벼든다. 또 몸통을 치면 머리와 꼬리가 한꺼번에 덤벼든다. 이처럼 세력을 하나로 합치는 것이 중요하다.

예부터 서로 적대시해 온 '오나라 사람과 월나라 사람이 같은 배를 타고[吳越同舟]' 강을 건넌다고 하자. 강 한복판에 이르렀을 때 큰바람이 불어 배가 뒤집히려 한다면 오나라 사람이나 월나라 사람은 평소의 적개심(敵愾心)을 잊고 서로 왼손, 오른손이 되어 필사적으로 도울 것이다. 바로 이것이다. 전차(戰車)의 말[馬]들을 서로 단단히 붙들어 매고 바퀴를 땅에 묻고서 적에게 그 방비를 파괴당하지 않으려 해봤자 최후의 의지가 되는 것은 그것이 아니다. 의지가 되는 것은 오로지 필사적으로 하나로 뭉친 병사들의 마음이다."

烏合之衆 오합지중

烏 : 까마귀 오 合 : 합할 합 之 : 갈 지 衆 : 무리 중

[동의어] 오합지졸(烏合之卒) [유사어] 와합지중(瓦合之衆)

[출전] <後漢書> '耿弇專(경감전)'

[풀이] 까마귀 떼 같이 질서가 없는 무리라는 뜻으로, 규율도 통일성도 없는 군중, 또는 갑자기 모인 훈련 없는 군세(軍勢)를 뜻함.

　중국 전한(前漢)시대 말, 대사마(大司馬)인 왕망(王莽)은 평제(平帝)를 시해(弑害)하고 나이 어린 영(嬰)을 세워 새 황제로 삼았으나 3년 후 영을 폐하고 스스로 제위에 올라 국호를 신(新)이라 일컬었다.

　이처럼 천하가 혼란에 빠지자, 유수(劉秀 : 후한의 시조)는 즉시 군사를 일으켜 왕망 일당을 주벌(誅伐)하고, 경제(景帝)의 후손인 유현(劉玄)을 황제로 옹립했다. 이에 천하는 다시 한나라로 돌아갔다. 대사마가 된 유수가 이듬해 성제(成帝)의 아들 유자여(劉子輿)라고 자처하며 황제를 참칭(僭稱)하는 왕랑(王郞)을 토벌하러 나서자, 상곡(上谷) 태수 경황(耿況)은 즉시 아들인 경감(耿弇)에게 군사를 주어 평소부터 흠모하던 유수의 토벌군에 합류하게 했다. 그런데 유수의 본진을 향해 행군하던 경감의 군사는 손창(孫倉)과 위포(衛包)가 갑자기 행군을 거부하는 바람에 잠시 동요했다.

"유자여는 한왕조(漢王朝)의 정통인 성제의 아들이라고 하오. 그런 사람을 두고 대체 어디로 간단 말이오?"

이에 격노한 경감은 두 사람을 앞으로 끌어낸 뒤 칼을 빼 들고 말했다.

"왕랑은 도둑일 뿐이다. 그런 놈이 황자(皇子)를 사칭하며 난을 일으키고 있지만, 내가 장안[長安 : 섬서성 서안(陝西省 西安)]의 정예군과 합세해서 들이치면 그까짓 '오합지중'은 마른 나뭇가지보다 쉽게 꺾일 것이다. 지금 너희가 사리를 모르고 도둑과 한패가 됐다간 멸문지화(滅門之禍)를 면치 못하리라."

그날 밤에 그들은 왕랑에게로 도망치고 말았지만, 경감은 뒤쫓지 않았다. 서둘러 유수의 토벌군에 합류한 경감은 많은 무공을 세우고, 마침내 건위대장군(建威大將軍)에 임명되었다.

溫故知新 온고지신

溫 : 따뜻할 온 故 : 옛 고 知 : 알 지 新 : 새 신

[원어] 원고이지신가이위사의(溫故而知新可以爲師矣)

[출전] <論語> '爲政篇'

[풀이] 옛 것을 익히고 그것으로 미루어 새 것을 안다.

공자는 <논어(論語)> '위정편(爲政篇)'에서 다음과 같이 말했다.

"옛 것을 익히어 새 것을 알면 이로써 남의 스승이 될 수 있느니라 [溫故而知新可以爲師矣]."

남의 스승이 된 사람은 고전(古典)에 대한 박식(博識)만으로는 안 된다. 즉 고전을 연구하여 거기서 현대나 미래에 적용될 수 있는 새로운 도리를 깨닫는 것이 아니면 안 된다는 것을 말하고 있다.

또 <예기(禮記)> '학기(學記)'에는 이런 글이 실려 있다.

"기문지학(記問之學 : 피상적인 학문)은 이로써 남의 스승이 되기에는 부족하다[記問之學不足以爲師矣]."

지식을 암기해서 질문에 대답하는 것만으로는 남의 스승이 될 자격이 없다는 뜻인데, 이 말은 실로 '온고지신'과 표리를 이루는 것이라 할 수 있다.

우리가 오늘날 고전을 연구함에 있어서도 고전의 현대적 의의를 탐구하는 것이 중요하며 여기에 고전 학습의 의의가 있는 것이다.

옛것을 익혀 새로운 도리를 찾아내는 것을 온고지신이라 한다. 옛것 가운데 취해야 할 것을 선별하는 슬기와 버릴 것을 버리는 용기가 있어야 정체 없이 앞으로 나아갈 수 있다. 근래에 들어 우리사회에서는 국민소득수준의 향상에 따라 옛것, 우리 것을 발굴·개발하자는 움직임이 두드러지고 있다. 그간 외래문물의 무분별한 도입에 휘말려온 우리에게 이는 바람직한 자기복귀작용이다.

蝸角之爭 와각지쟁

蝸 : 달팽이 와 角 : 뿔 각 之 : 갈 지 爭 : 다툴 쟁

[원어] 와우각상지쟁(蝸牛角上之爭)

[출전] <莊子> '則陽篇'

[풀이] 달팽이 촉각 위에서의 싸움이란 뜻으로, 대국(大局)에는 아무런 영향이 미치지 않는 작은 다툼이나 하찮은 일로 승강이하는 짓을 말함. 또는 인간 세계의 보잘 것 없음을 비유한 말.

중국 춘추전국시대, 양(梁 : 魏)나라 혜왕(惠王)은 중신들과 맹약을 깬 제(齊)나라 위왕(威王)에 대한 응징책을 논의했으나 의견이 분분했다. 그래서 혜왕은 재상 혜자(惠子)가 데려온 대진인(戴晉人)에게 의견을 물었다.

대진인은 현인(賢人)으로 이름난 도가자류(道家者流 : 도교를 믿고 닦는 사람)답게 이렇게 물었다.

"전하, 달팽이라는 미물(微物)이 있사온데 그것을 아십니까?"

"물론, 알고 있소."

"그 달팽이의 왼쪽 촉각 위에는 촉씨(觸氏), 오른쪽 위에는 만씨(蠻氏)라는 자가 각각 나라를 세우고 있었습니다. 그들은 서로 영토를 다투어 전쟁을 시작했는데 죽은 자가 수만 명에 이르고, 15일

만에 전쟁을 멈추었다합니다."

"그런 엉터리 이야기가 어디 있소?"

"그러면, 이 이야기를 사실에 비유해 보겠습니다. 전하, 과연 이 우주의 사방상하(四方上下)에 제한(際限)이 있다고 생각하십니까?"

"아니, 끝이 있다고는 생각지 않소."

"하오면, 마음을 그 무궁한 세계에 노닐게 하는 자에게는 사람이 왕래하는 지상의 나라 따위는 있는 것도 같고 없는 것도 같은 하찮은 것이라고 할 수 있습니다."

"으음, 과연."

"그 나라들 가운데 위라는 나라가 있고, 위나라 안에 대량[大梁 : 개봉(開封)]이라는 도읍이 있사오며, 그 도읍의 궁궐 안에 전하가 계십니다. 이렇듯 우주의 무궁에 비한다면, 지금 제나라와 전쟁을 시작하시려는 전하와, 달팽이 촉각(觸角) 위의 촉씨, 만씨가 싸우는 것과 무슨 차이가 있습니까?"

"과연, 별 차이가 없는 것 같소."

대진인이 물러가자, 혜왕은 혜자에게 힘없이 말했다.

"그 사람은 성인(聖人)도 미치지 못할 대단한 인물이오."

臥薪嘗膽 와신상담

臥 : 누울 와 薪 : 섶나무 신 嘗 : 맛볼 상 膽 : 쓸개 담

[유사어] 회계지치(會稽之恥), 절치액완(切齒扼腕)

[출전] <史記> '越世家'

[풀이] 섶 위에서 잠을 자고 쓸개를 핥는다는 뜻으로, 목적을 달성하기 위해 온갖 고난을 참고 견딘다는 말.

춘추전국시대, 월왕(越王) 구천(勾踐)과 취리[檇李 : 절강성 가흥(浙江省 嘉興)]에서 싸워 크게 패한 오왕(吳王) 합려(闔閭)는 적의 화살에 부상한 손가락의 상처가 악화하는 바람에 목숨을 잃고 말았다.

임종 때 합려는 태자인 부차(夫差)에게 반드시 구천을 쳐서 원수를 갚으라고 유명(遺命)했다.

오왕이 된 부차는 부왕(父王)의 유명을 잊지 않으려고 '섶 위에서 잠을 자고[臥薪]' 자기 방을 드나드는 신하들에게는 방문 앞에서 부왕의 유명을 외치게 했다.

"부차야, 월왕 구천이 너의 아버지를 죽였다는 것을 잊어서는 안 된다!"

그때마다 부차는 임종 때 부왕에게 한 그대로 대답했다.

"예, 결코 잊지 않고 3년 안에 꼭 원수를 갚겠나이다."

이처럼 밤낮 없이 복수를 맹세한 부차는 은밀히 군사를 훈련시키면서 때가 오기만을 기다렸다.

이 사실을 안 월왕 구천은 참모인 범려(范蠡)가 간(諫)했으나 듣지 않고 선제공격을 감행했다. 그러나 월나라 군사는 복수심에 불타는 오나라 군사에 대패하여 회계산(會稽山)으로 도망갔다. 오나라 군사가 포위하자, 진퇴양난에 빠진 구천은 범려의 헌책(獻策)에 따라 우선 오나라의 재상 백비(伯嚭)에게 많은 뇌물을 준 뒤 부차에게 신하가 되겠다며 항복을 청원했다. 이때 오나라의 중신 오자서(伍子胥)가 '후환을 남기지 않으려면 지금 구천을 내쳐야 한다'고 간했으나 부차는 백비의 진언에 따라 구천의 청원을 받아들이고 귀국까지 허락했다.

구천은 오나라의 속령(屬領)이 된 고국으로 돌아오자 항상 곁에다 쓸개를 놔두고 앉으나 서나 그 쓴맛을 맛보며[嘗膽] 회계의 치욕[會稽之恥]을 상기했다. 그리고 부부가 함께 밭 갈고 길쌈하는 농군이 되어 은밀히 군사를 훈련시키며 복수의 기회를 노렸다.

회계산 치욕의 날로부터 12년이 지난 해 봄에 부차가 천하에 패권(霸權)을 일컫기 위해 기(杞) 땅의 황지[黃地 : 하남성 기현(河南省杞縣)]에서 제후들과 회맹(會盟)하고 있는 사이에 구천은 군사를 이끌고 오나라로 쳐들어갔다.

그로부터 역전(歷戰) 7년 만에 오나라의 도읍 고소[姑蘇 : 소주(蘇州)]에 육박한 구천은 오왕 부차를 굴복시키고 마침내 회계의 치욕을 씻었다.

부차는 용동[甬東 : 절강성 정하(定河)]에서 여생을 보내라는 구천의 호의를 사양하고 자결했다.

그 후 구천은 부차를 대신하여 천하의 패자(霸者)가 되었다.

完璧 완벽

完 : 완전할 완 璧 : 둥근 옥 벽
[유사어] 화씨지벽(和氏之璧), 연성지벽(連城之璧)
[출전] <史記> '藺相如列傳', <十八史略> '趙篇'

[풀이] **흠이 없는 구슬[璧 : 환상(環狀)의 옥(玉)]이라는 뜻. 결점 없이 훌륭함. 빌려 온 물건을 온전히 돌려보냄.**

춘추전국시대, 조(趙)나라 혜문왕(惠文王)은 화씨지벽(和氏之璧)이라는 천하명옥(天下名玉)을 가지고 있었다. 이 소문을 들은 진(秦)나라 소양왕(昭襄王)은 어떻게든 화씨지벽을 손에 넣어야겠다고 생각했다. 그래서 곧 조나라에 사신을 보내어 '성(城) 15개와 맞바꾸자'고 제의했다.

혜문왕에게는 실로 난처한 문제였다. 제의를 거절하면 당장 쳐들어 올 것이고, 화씨지벽을 넘겨주면 그냥 빼앗아 버릴 게 뻔했기 때문이다. 혜문왕은 중신들을 소집하여 의논했다. 의견이 분분하였으나 결국 강자의 비위를 거스를 수 없다 하여 제의를 받아들이기로 했다. 그리고 혜문왕은 중신들에게 물었다.

"사신으로는 누가 적임자일 것 같소?"

그러자 대부인 목현(繆賢)이 말했다.

"신의 식객에 지모와 담력이 뛰어난 인상여(藺相如)라는 자가 있는데 그 자라면 차질 없이 중임을 완수할 것으로 생각됩니다."

그래서 사신으로 발탁된 인상여는 소양왕을 알현하고 화씨지벽을 바쳤다. 구슬을 손에 들고 살펴보던 소양왕은 희색이 만면했으나 약속한 15개 성에 대해서는 한 마디도 내비치지 않았다. 이런 일이 있으리라고 예상했던 인상여는 조용히 말했다.

"전하, 그 화씨지벽에는 흠집이 있사온데 그것을 외신(外臣)에게 주시면 가르쳐 드리겠습니다."

소양왕이 무심코 화씨지벽을 건네자, 인상여는 그것을 손에 든 채 궁궐 기둥 옆으로 갔다. 그리고 소양왕을 보며 말했다.

"전하께서 약속하신 15개 성을 넘겨주실 때까지 이 화씨지벽은 외신이 갖고 있겠습니다. 만약 안 된다고 하시면 화씨지벽은 저의 머리와 함께 이 기둥에 부딪쳐 깨지고 말 것입니다."

화씨지벽이 깨질까 겁이 난 소양왕은 인상여를 일단 숙소로 돌려보냈다. 인상여는 숙소에 돌아오자, 화씨지벽을 부하에게 넘겨주고 서둘러 귀국시켰다. 뒤늦게 이 사실을 안 소양왕은 화가 머리끝까지 치밀어 당장 인상여를 잡아 죽이려고 했지만, 그러나 그를 죽였다가는 신의 없는 편협한 군왕이라는 비난을 받을 것 같아 그대로 곱게 돌려보냈다.

이리하여 화씨지벽은 '온전한 구슬[完璧]'로 되돌아왔다. 그리고 인상여는 그 공으로 상대부(上大夫)에 임명되었다.

要領不得 요령부득

要 : 구할 요 領 : 옷깃 령 不 : 아니 불 得 : 얻을 득

[출전] <史記> '大宛專', <漢書> '張騫專'

[풀이] 사물의 중요한 부분을 잡을 수 없다는 뜻으로, 말이나 글의 요령을 잡을 수 없음을 이르는 말.

중국 전한(前漢)시대 7대 황제 무제(武帝) 때의 일이다. 당시 만리장성 밖은 수수께끼의 땅이었다. 그러나 영맹한 흉노는 동쪽 열하(熱河)에서부터 서쪽 투르키스탄에 이르는 광대한 지역에 세력을 펴고 빈번히 한나라를 침범 약탈했다. 그래서 무제는 기원전 2세기 중반에 흉노에게 쫓겨 농서[隴西 : 감숙성(甘肅省)]에서 서쪽 사막 밖으로 옮겨간 월지(月氏 : 大月氏)와 손잡고 흉노를 협공할 계획을 세웠다. 그리고 월지에 다녀올 사신을 공모한 결과 장건(張騫)이란 관리가 뽑혔다.

건원(建元) 3년, 장건은 100여 명의 수행원을 거느리고 서쪽 이리(伊犁 : 위구르 자치구 내)란 곳에 있다는 것밖에 모르는 월지를 찾아 장안[長安 : 서안(西安)]을 떠났다. 그러나 그들은 농서를 벗어나자마자 흉노에게 잡히고 말았다. 이때부터 흉노와의 생활이 시작되었는데, 장건은 호탕한 성격이어서 흉노에게 호감을 사 장가도 들고 아들까지 낳았다.

그러나 그는 잠시도 탈출할 생각을 버리지 않았다. 포로가 된 지 10년이 된 어느 날, 장건은 처자와 일행을 데리고 서방으로 탈출하여 월지국에 도착했다.

장건은 곧 월지의 왕을 알현하고 무제의 뜻을 전했다. 그러나 왕의 대답은 의외로 부정적이었다.

"월지는 서천(西遷) 이후 평화롭게 살아왔소. 백성들은 이제 구원(舊怨)을 씻기 위한 쓸데없는 전쟁은 원치 않을 것이오."

장건은 여기서 단념하지 않고 당시 월지의 속국인 대하국(大夏國)까지 찾아가 월지를 움직이려 했으나 허사였다. 이 일을 사서(史書)는 이렇게 적고 있다.

"끝내 사명으로 하는 월지의 '요령을 얻지 못한 채[要領不得]' 체류한 지 1년이 지나 귀국 길에 올랐다."

장건은 우여곡절 끝에 13년 만에 장안으로 돌아왔다. 그로부터 3년 후 박망후(博望侯)에 봉해진 장건은 계속 서역(西域) 사업에 힘썼는데 그의 여행은 중국 역사에 많은 것을 남겼다.

동서가 교류하면서 서방으로부터 명마(名馬)·보석·비파(琵琶)·수박·석류·포도 등이 들어오고 한나라는 금과 비단 등을 수출하기 시작했다. 이른 바 '실크 로드'의 시대가 열린 것이다.

愚公移山 우공이산

愚 : 어리석을 우 公 : 귀 공 移 : 옮길 이 山 : 메 산

[유사어] 마부작침[磨斧作針(鍼)], 수적천석(水滴穿石) 등

[출전] <列子> '湯問篇'

[풀이] 우공이 산을 옮긴다는 뜻으로, 어떤 큰일이라도 끊임없이 노력하면 반드시 이루어진다는 말.

춘추전국시대의 사상가 열자(列子)의 문인들이 열자의 철학 사상을 기술한 <열자(列子)> '탕문편(湯問篇)'에 다음과 같은 우화가 실려 있다.

먼 옛날 태행산(太行山)과 왕옥산(王玉山) 사이의 좁은 땅에 우공(愚公)이라는 90세 노인이 살고 있었다. 그런데 사방 700리에 높이가 만 길[仞]이나 되는 두 큰 산이 집의 앞뒤를 가로막고 있어 왕래에 장애가 되었다. 그래서 우공은 어느 날, 가족을 모아 놓고 이렇게 물었다.

"나는 저 두 산을 깎아 없애고, 예주(豫州)와 한수(漢水) 남쪽까지 곧장 길을 내고 싶은데 너희들 생각은 어떠냐?"

모두 찬성했으나 그의 아내만은 무리라며 반대했다.

"아니, 늙은 당신의 힘으로 어떻게 저 큰 산을 깎아 없앤단 말예요? 또 파낸 흙은 어디다 버리고?"

"발해(渤海)에 갖다 버릴 거요."

이튿날 아침부터 우공은 세 아들과 손자들을 데리고 돌을 깨고 흙을 파서 삼태기로 발해까지 갖다 버리기 시작했다. 한 번 갔다 돌아오는데 꼬박 1년이 걸렸다. 어느 날 지수(知叟)라는 사람이 '죽을 날이 멀지 않은 노인이 정말 망녕'이라며 비웃자, 우공은 태연히 말했다.

"내가 죽으면 아들이 하고, 아들은 또 손자를 낳고, 손자는 또 아들을…. 이렇게 자자손손(子子孫孫) 계속하면 언젠가는 저 두 산이 평평해질 날이 오겠지."

이 말을 듣고 놀란 것은 두 산을 지키는 사신(蛇神)이었다. 산이 없어지면 큰일이라고 생각한 사신은 옥황상제(玉皇上帝)에게 호소했다. 그러자 우공의 끈기에 감동한 옥황상제는 역신(力神) 과아(夸娥)의 두 아들에게 명하여 각각 두 산을 업어다가 태행산은 삭동(朔東) 땅에, 왕옥산은 옹남(雍南) 땅에 옮겨 놓게 했다. 그래서 두 산이 있었던 기주(冀州)와 한수(漢水) 남쪽에는 지금은 작은 언덕조차 없다고 한다.

遠交近攻 원교근공

遠 : 멀 원 交 : 사귈 교 近 : 가까울 근 攻 : 칠 공
[출전] <史記> '范雎列傳'

[풀이] 먼 나라와 친교를 맺고 가까운 나라를 공략하는 정책.

춘추전국시대, 위(魏)나라의 책사(策士) 범저(范雎)는 제(齊)나라와 내통하고 있다는 모함에 빠져 하마터면 목숨을 잃을 뻔했으나 진(秦)나라의 사신 왕계(王稽)를 따라 함양(咸陽)으로 탈출하는데 성공했다.

그러나 진나라 소양왕(昭襄王)은 진나라는 '알을 쌓아 놓은 것처럼 위태롭다[累卵之危]'고 자국(自國)의 정사를 혹평한 범저를 환영하지 않았다. 따라서 범저는 소양왕에게 자신의 장기인 변설(辯舌)을 펼쳐 볼 기회도 없었다.

그러다가 소양왕 36년에 드디어 범저에게 때가 왔다. 당시 진나라에는 소양왕의 모후인 선태후(宣太后)의 동생 양후(穰侯)가 재상으로 실권을 잡고 있었는데, 그는 제나라를 공략하여 자신의 영지인 도(陶)의 땅을 확장하려 했다. 이 사실을 안 범저는 왕계를 통해 소양왕을 알현하고 이렇게 진언했다.

"전하, 한(韓)·위(魏) 두 나라를 지나서 강국인 제나라를 공략한다는 것은 득책(得策)이 아닌 줄 압니다. 적은 병력을 움직여 봤자 제나라는 꿈쩍도 않을 것이고, 그렇다고 대군(大軍)을 출동시키는 것은 진나라를 위해 더욱 좋지 않습니다. 동맹국을 신용할 수 없는 이 마당에 타국 너머 멀리 떨어져 있는 제나라를 공략한다는 것은 바람직한 일이 아닙니다. 지난날 제나라가 연(燕)나라에게 패한 원인도 실은 멀리 있는 초(楚)나라를 공략하다가 부담이 된 동맹국이 이반(離反)했기 때문입니다. 그때 덕을 본 것은 이웃나라인 한나라와 위나라입니다.

지금 전하께서 쓰셔야 할 계책으로는 '먼 나라와 친교를 맺고 가까운 나라를 공략하는 원교근공책(遠交近攻策)'이 상책(上策)입니다. 한 치의 땅을 얻어도 전하의 촌토(寸土)이고 한 자의 땅을 얻어도 전하의 척지(尺地)가 아닙니까? 이해득실(利害得失)이 이토록 분명한데 굳이 먼 나라를 공략하는 것은 현책(賢策)이 아닌 줄 압니다."

이 날을 계기로 소양왕의 신임을 얻은 범저는 승진 끝에 재상이 되어 응후(應侯)에 봉해졌고, 그의 지론인 원교근공책은 천하 통일을 지향하는 진나라의 국시(國是)가 되었다.

遠水不救近火 원수불구근화

遠 : 멀 원 水 : 물 수 不 : 아니 불 救 : 구원할 구
近 : 가까울 근 火 : 불 화
[출전] <韓非子> '說林篇'

[풀이] '먼 곳의 물은 가까운 곳에서 난 불을 끄지 못한다'는 뜻으로, 멀면 급할 때 아무 소용이 없다는 말.

<한비자(韓非子)>에는 다음과 같은 이야기가 실려 있다.

춘추전국시대, 노(魯)나라 목공(穆公)은 아들들에게도 진(晉)나라와 형(荊)나라를 섬기게 했다. 그 무렵 노나라는 이웃 나라인 강대국 제(齊)나라의 위협을 받고 있었다. 그래서 위급할 때 진나라와 형나라 같은 강대국의 도움을 받으려는 속셈에서였다.

목공의 그런 속셈을 이서(梨鉏)가 간했다.

"사람이 물에 빠졌을 때 먼 월(越)나라에서 사람을 불러서 구하려 한다면 월나라 사람이 아무리 헤엄을 잘 친다 해도 때는 이미 늦으며, 또 집에 불이 났을 때 발해(渤海)와 같이 먼 바다에서 물을 끌어다가 끄려 한다면 바닷물이 아무리 많다 해도 때는 역시 늦습니다.

이처럼 '먼 곳에 있는 물은 가까운 곳에서 난 불을 끄지 못한다[遠水不救近火]'고 했듯이 노나라가 이웃 제나라의 공격을 받았을 경우, 멀리 떨어져 있는 진나라와 형나라가 강국이긴 해도 노나라의 위난은 구하지 못할 것입니다."

怨入骨髓 원입골수

怨 : 원망할 원　入 : 들 입　骨 : 뼈 골　髓 : 골수 수
[원어] 원입어골수(怨入於骨髓)
[출전] <史記> '秦本紀'

[풀이] **원한이 뼈에 사무친다는 뜻으로, 원한이 마음 속 깊이 맺혀서 잊을 수 없다는 말.**

중국 춘추전국시대 오패(五霸)의 한 사람인 진(秦)나라 목공(繆公)은 중신 백리해(百里奚)와 건숙(蹇叔)의 반대에도 불구하고 세 장군에게 정(鄭)나라를 치라고 명했다. 진나라 군사가 주(周)나라의 북문에 이르렀을 때 마침 이곳에 소를 팔러 온 정나라의 소장수인 현고(弦高)는 진나라 장군 앞으로 나아가 이렇게 말했다.

"정나라 주상(主上)께서는 장병들을 위로하시기 위해 소생에게 소 12마리를 전하라고 하셨습니다. 어서 거두어 주십시오."

이 말을 듣고 생각이 달라진 세 장군은 공격 목표를 바꾸어 진(晉)나라의 속령(屬領)인 활(滑)로 쳐들어갔다. 그러나 태자(太子)는 곧 침략군을 섬멸했다. 포로가 된 세 장군은 태자 앞에 끌려 나왔다. 그러자 목공의 딸인 태자의 모후(母后)는 그들의 구명을 청원했다.

"저들을 죽이면 정나라에서는 '원한이 뼈에 사무쳐[怨入骨髓]' 반드시 이 나라를 칠 것이오. 그러니 저들을 살려 보내는 게 좋겠소"

태자는 모후의 말을 옳게 여겨 세 장군을 모두 풀어 주었다.

月旦評 월단평

月 : 달 월 旦 : 아침 단 評 : 평론할 평

[준말] 월단(月旦) [동의어] 월조평(月朝評)

[출전] <後漢書> '許劭專'

[풀이] '매달 첫날의 평'이란 뜻으로, 인물에 대한 비평을 일컫는 말.

중국 후한시대 말, 12대 황제 영제(靈帝) 17년 '황건(黃巾)의 난(亂)' 때 공을 세운 조조(曹操)가 아직 두각을 나타내기 전 일이다.

그 무렵의 여남(汝南) 땅에 허소(許劭)와 그의 사촌 형 허정(許靖)이라는 두 명사가 살고 있었다. 이 두 사람은 '매달 첫날[月旦]'이면 허소의 집에서 향당(鄕黨)의 인물을 뽑아 비평했는데, 그 비평이 매우 적절해서 평판이 높았다. 그래서 당시 땅의 이름을 따 와서 '여남의 비평'으로 불리던 이 비평을 들으려는 사람이 많았다.

그런데 어느 날에 조조가 허소를 찾아와서 비평해 주기를 청했다. 그러나 난폭자로 소문난 조조의 청인지라 선뜻 응하기가 어려웠다. 조조가 재촉하자, 허소는 마지못해 입을 열었다.

"그대는 태평한 세상에서는 유능한 관리지만, 어지러운 세상에서는 간웅(姦雄)이 될 인물이오."

이 말을 듣고 조조는 크게 기뻐했다. 그리고 황건적(黃巾賊)을 치기 위한 군사를 일으켰다고 한다.

月下氷人 월하빙인

月 : 달 월　下 : 아래 하　氷 : 얼음 빙　人 : 사람 인

[동의어] 월하로(月下老), 빙상인(氷上人), 빙인(氷人)

[출전] <續幽怪錄>, <晉書> '索耽篇'

[풀이] 월하로(月下老)와 빙상인(氷上人)이 합쳐진 것으로, 결혼 중매인을 일컫는 말.

　중국 당나라시대, 2대 황제인 태종(太宗)때의 이야기이다. 위고(韋固)라는 젊은이가 여행 중에 송성(宋城)에 갔을 때 '달빛 아래 한 노인[月下老]'이 손에 빨간 끈을[赤繩] 든 채 조용히 책장을 넘기고 있었다. 위고가 '무슨 책을 읽고 있느냐'고 묻자 그 노인은 이렇게 대답했다.

　"이 세상의 혼사에 관한 책인데, 여기 적혀 있는 남녀를 이 빨간 끈으로 한 번만 매어 놓으면 불구대천의 원수지간이라도 반드시 맺어진다네."

　"그럼, 지금 제 아내 감은 어디에 있습니까?"

　"음, 이 송성에 있구면, 성 북쪽에서 채소를 팔고 있는 진(陳)이란 여인네의 어린아이야."

　위고는 약간 기분이 언짢긴 했지만 대수롭지 않게 생각하고 그

자리를 떠났다.

그로부터 14년이 지난 뒤 상주(相州)에서 벼슬길에 나아간 위고는 그곳 태수(太守)의 딸과 결혼했다. 아내는 17세로 미인이었다. 어느 날 밤 위고가 아내에게 신상(身上)을 묻자, 그녀는 이렇게 대답했다.

"사실 저는 태수님의 양녀입니다. 친아버지는 송성에서 벼슬을 하시다 돌아가셨지요. 그 때 저는 젖먹이였는데, 마음씨 착한 유모가 성 북쪽 거리에서 채소 장사를 하면서 길러 주었답니다."

진(晉)나라에 색탐(索耽)이라는 점쟁이가 있었다. 어느 날 영고책(令孤策)이라는 사람이 몽점(夢占)을 치러 왔다.

"꿈에서 나는 얼음 위에서 얼음 밑에 있는 사람과 이야기를 했습니다."

색탐은 이렇게 해몽했다.

"얼음 위는 양(陽)이요, 밑은 음(陰)이니 양과 음이 이야기했다는 것은 '얼음 위에 선 사람[氷上人]'인 그대가 결혼 중매를 서게 될 조짐이오. 성사(成事)시기는 얼음이 녹는 봄철이고…."

그 후 얼마 안 되어 과연 영고책은 태수의 부탁을 받고 그의 아들과 장(張)씨의 딸을 중매 서서 결혼을 성사시켰다고 한다.

泣斬馬謖 읍참마속

泣 : 울 읍 斬 : 벨 참 馬 : 말 마 謖 : 일어날 속
[출전] <三國志> '蜀志 諸葛亮專'

[풀이] 울면서 마속을 벤다는 뜻으로, 공정성을 지키기 위해 사사로운 정(情)을 버리거나 큰 목적을 위해 자기가 아끼는 사람을 가차 없이 버린다는 말.

중국의 삼국시대 초엽인 촉(蜀)나라 건흥(建興) 5년 3월, 제갈량(諸葛亮)은 대군을 이끌고 성도(成都)를 출발했다. 그리고 곧 한중(漢中)을 석권하고 기산(祁山)으로 진출하여 위(魏)나라 군사를 크게 무찔렀다.

그러자 조조(曹操)가 급파한 위나라의 명장 사마의[司馬懿 : 자는 중달(仲達)]는 20만 대군으로 기산의 산야에 부채꼴[扇形]의 진을 치고 제갈량의 침공군과 대치했다. 이 '진'을 깰 제갈량의 계책은 이미 서 있었다. 그러나 상대가 지략이 뛰어난 사마의인만큼 군량 수송로의 가정(街亭 : 한중 동쪽)을 수비하는 것이 문제였다. 만약 가정을 잃으면 중원(中原) 진출의 웅대한 계획은 물거품이 되고 만다. 그런데 그 중책을 맡길 만한 장수가 없어 제갈량은 고민했다.

그때 마속(馬謖)이 그 중책을 자원하고 나섰다. 그는 제갈량과 문경지교(刎頸之交)를 맺은 뛰어난 참모 마량(馬良)의 동생으로, 평소

233

제갈량이 아끼는 재기 발랄한 장수였다. 그러나 노회(老獪)한 사마의와 대결하기에는 아직 어리다. 제갈량이 주저하자, 마속은 거듭 간청했다.

"다년간 병략(兵略)을 익혔는데 어찌 가정 하나 지켜 내지 못하겠습니까? 만약 패하면, 저는 물론 일가권속(一家眷屬)까지 참형을 당해도 결코 원망하지 않겠습니다."

"좋다. 군율(軍律)에는 두 말이 없다는 것을 명심하라."

서둘러 가정에 도착한 마속은 지형부터 살펴보았다. 삼면이 절벽을 이룬 산이 있었다. 제갈량의 명령은 그 산기슭의 도로를 사수하라는 것이었으나 마속은 적을 유인해서 역공할 생각으로 산 위에 진을 쳤다. 그러나 위나라 군사는 산기슭을 포위한 채 위로 올라오지 않았다. 식수가 끊겼다. 마속은 전 병력으로 포위망을 돌파하려 했으나 용장인 장합(張郃)에게 참패하고 말았다.

전군을 한중으로 후퇴시킨 제갈량은 마속에게 중책을 맡겼던 것을 크게 후회했다. 군율을 어긴 그를 참형에 처하지 않을 수 없었기 때문이다. 이듬해 5월에 마속이 처형되는 날이 왔다. 때마침 성도에서 연락관으로 와 있던 장완(張琬)은 '마속 같은 유능한 장수를 잃는 것은 나라의 손실'이라고 설득했으나 제갈량은 듣지 않았다.

"마속은 정말 아까운 장수요. 하지만 사사로운 정에 끌리어 군율을 저버리는 것은 마속이 지은 죄보다 더 큰 죄가 되오. 아끼는 사람일수록 가차 없이 처단하여 대의(大義)를 바로잡지 않으면 나라의 기강은 무너지는 법이오."

마속이 형장으로 끌려가자, 제갈량은 소맷자락으로 얼굴을 가리고 마룻바닥에 엎드려 울었다고 한다.

移木之信 이목지신

移 : 옮길 이 木 : 나무 목 之 : 갈 지 信 : 믿을 신
[동의어] 사목지신(徙木之信) [반의어] 식언(食言)
[출전] <史記> '商君列傳'

[풀이] 다스리는 사람이 나무 옮기기로 백성들을 믿게 한다는 뜻으로, 속이지 않은 것을 밝히거나 약속을 실행한다는 말.

중국 진(秦)나라 효공(孝公) 때 상앙(商鞅)이란 명재상이 있었다. 그는 위(衛)나라의 공족(公族) 출신으로 법률에 밝았는데 특히 법치주의를 바탕으로 한 부국강병책(富國强兵策)을 펴 천하 통일의 기틀을 마련한 정치가로 유명했다.

한 번은 상앙이 법률을 제정해 놓고도 즉시 공포하지 않았다. 백성들이 믿어 줄지 그것이 의문이었기 때문이다. 그래서 상앙은 한 가지 계책을 내어 남문에 길이 3장(三丈)에 이르는 나무를 세워 놓고 이렇게 써 붙였다.

"이 나무를 북문으로 옮겨 놓는 사람에게는 상금으로 십금(十金)을 주리라."

그러나 아무도 옮기려 하는 사람이 없었다. 그래서 오십금(五十金)을 주겠다고 써 붙였더니 이번에는 옮기는 사람이 있었다. 상앙은 즉시 약속대로 오십 금을 주었다. 그리고 법령을 공포하자, 백성들은 조정을 믿고 법을 잘 지켰다고 한다.

以心傳心 이심전심

以 : 써 이 心 : 마음 심 傳 : 전할 전

[동의어] 염화미소(拈華微笑)

[출전] <五燈會元> '傳燈錄', <無門關>, <六祖壇經>

[풀이] 마음에서 마음으로 뜻이 통한다는 말.

중국 송(宋)나라시대의 중 도언(道彦)이 석가 이후 고승들의 법어(法語)를 기록한 <전등록(傳燈錄)>에서 보면 석가가 제자인 가섭(迦葉)에게 말이나 글이 아니라 '이심전심'의 방법으로 불교의 진수(眞髓)를 전했다는 이야기가 나온다. 이에 대해 송나라의 중 보제(普濟)의 <오등회원(五燈會元)>에는 다음과 같이 적혀 있다.

어느 날 석가는 제자들을 영산(靈山)에 불러 모았다. 그리고 그들 앞에서 손가락으로 '연꽃 한 송이를 집어 들고 말없이 약간 비틀어 보였다[拈華].' 제자들은 석가가 왜 그러는지 그 뜻을 알 수 없었다. 그러나 가섭만은 그 뜻을 깨닫고 '빙긋이 웃었다[微笑].' 그제야 석가는 가섭에게 말했다.

"내게 정법안장[正法眼藏 : 인간이 원래 갖추는 마음의 묘덕] 과 열반묘심[涅槃妙心 : 번뇌를 벗어나 진리에 도달한 마음], 실상무상(實相無相 : 불변의 진리), 미묘법문(微妙法門 : 진리를 아는 마음), 불립문자 교외별전(不立文字敎外別傳 : 언어나 경전에 의하지 않고 '이심전심'으로 전하는 오묘한 뜻)이 있다. 이것을 너에게 전해 주마.

一擧兩得 일거양득

一 : 한 일 擧 : 들 거 兩 : 두 량 得 : 얻을 득

[동의어] 일거양획(一擧兩獲), 일석이조(一石二鳥)

[출전] <春秋後語>, <戰國策> '秦策'

[풀이] 한 가지 일로 두 가지 이익을 거둔다는 뜻.

중국 진(秦)나라 시대 혜문왕(惠文王) 때의 일이다. 중신 사마조(司馬錯)는 어전에서 '중원으로의 진출이야말로 조명시리(朝名市利)에 부합하는 패업(霸業)'이라며 중원으로의 출병을 주장하는 재상 장의(張儀)와는 달리 혜문왕에게 이렇게 진언했다.

"신이 듣기로는 부국을 원하는 군주는 먼저 국토를 넓히는데 힘써야 하고, 강병(强兵)을 원하는 군주는 먼저 백성의 부(富)에 힘써야 하며, 패자(霸者)가 되기를 원하는 군주는 먼저 덕을 쌓는데 힘써야 한다고 합니다. 이 세 가지 요건이 갖춰지면 패업은 자연히 이루어지는 법입니다. 하오나, 지금 진나라는 국토도 협소하고 백성들은 빈곤합니다. 그래서 이 두 가지 문제를 한꺼번에 해결하려면 먼저 막강한 진나라의 군사로 촉(蜀) 땅의 오랑캐를 정벌하는 길밖에 달리 좋은 방법이 없는 줄로 압니다. 그러면 국토는 넓어지고 백성들의 재물은 쌓일 것입니다. 이야말로 '일거양득'이 아니고 무엇이겠습니까?

그러나 지금 천하를 호령하기 위해 천하의 종실(宗室)인 주(周)나라와 동맹을 맺고 있는 한(韓)나라를 침범하면, 한나라는 제(齊)나라와 조(趙)나라를 통해서 초(楚)나라와 위(魏)나라에 구원을 청할 게 분명하며, 더욱이 주나라의 구정(九鼎)은 초나라로 옮겨질 것입니다. 그땐 진나라가 공연히 천자를 위협한다는 악명(惡名)만 얻을 뿐입니다."

혜문왕은 사마조의 진언에 따라 촉 땅의 오랑캐를 정벌하고 국토를 넓혔다.

[쥐] **구정** : 우왕(禹王) 때에 당시 전 중국 대륙인 아홉 고을[九州]에서 바친 금(金, 일설에는 구리)으로 만든 솥. 하(夏)·은(殷) 이래 천자(天子)에게 전해 오는 상징적 보물이었으나 주왕조(周王朝) 때에 없어졌다고 함.

一網打盡 일망타진

一 : 한 일　網 : 그물 망　打 : 칠 타　盡 : 다할 진

[준말] 망타(網打)

[출전] <宋史> '仁宗紀', <東軒筆錄>

[풀이] 한 번 그물을 쳐서 물고기를 다 잡는다는 뜻으로, 범인들이나 어떤 무리를 한꺼번에 소탕한다는 말.

　　중국 북송(北宋)시대 4대 황제인 인종(仁宗) 때의 일이다. 어진 임금으로 이름난 인종은 백성을 사랑하고 학문을 장려했다. 그리고 인재를 널리 등용하여 문치(文治)를 폄으로써 이른 바 '경력(慶曆 : 인종의 연호)의 치(治)'로 불리는 군주정치의 모범적 성세(聖世)를 이룩했다.

　　이 때는 역사적인 명신이 많았는데, 이들이 조의(朝議)를 같이하다 보니 명론탁설(名論卓說)이 백출(百出)했고 따라서 충돌도 잦았다. 결국 조신(朝臣)이 양 당으로 나뉘어 교대로 정권을 잡다보니 20년간에 내각이 17회나 바뀌었는데, 후세에 이 단명 내각의 시대를 '경력의 당의(黨議)'라 일컫고 있다.

　　이 무렵에 청렴 강직하기로 이름난 두연(杜衍)이 재상이 되었다. 당시의 관행으로는 황제가 상신(相臣)들과 상의하지 않고 독단으로 조서를 내리는 일이 있었는데, 이것을 내강(內降)이라 했다. 그러나 두연은 이 같은 관행은 올바른 정도(政道)를 어지럽히는 것이라 하여 내강이 있어도 이를 묵살, 보류했다가 10여 통쯤 쌓이면 그대로 황제에게 돌려보내곤 했다. 이러한 두연의 소행은 성지(聖旨)를 함부로 굽히는 짓이라 하여 조야로부터 비난의 대상이 되었다.

이런 때 공교롭게도 관직에 있는 두연의 사위인 소순흠(蘇舜欽)이 공금을 유용하는 부정을 저질렀다. 그러자 평소 두연에 대한 감정이 좋지 않은 어사(御史) 왕공진(王拱辰)은 쾌재를 부르고 소순흠을 엄히 문초했다. 그리고 그와 가까이 지내는 사람들을 모두 공범으로 몰아 잡아 가둔 뒤 재상 두연에게 이렇게 모고했다.

"범인들을 일망타진(一網打盡)했습니다."

이 사건으로 말미암아 그 유명한 두연도 재임 70일 만에 재상 직에서 물러나고 말았다.

[주] 안남 : 인도차이나 동쪽의 한 지방, 당나라의 안남도호부(安南都護府)에서 유래한 명칭이어서 베트남인들은 쓰지 않는다고 함.

一字千金 일자천금

一 : 한 일　字 : 글자 자　千 : 일천 천　金 : 쇠 금

[유사어] 일자백금(一字百金)

[출전] <史記> '呂不韋列傳'

[풀이] 한 글자엔 천금의 가치가 있다는 뜻으로, 아주 빼어난 글자나 시문(時文)을 비유하여 이르는 말.

춘추전국시대 말엽, 제(齊)나라 맹상군(孟嘗君)과 조(趙)나라 평원군(平原君)은 각 수천 명, 초(楚)나라 춘신군(春申君)과 위(魏)나라 신릉군(信陵君)은 각 삼천여 명의 식객(食客)을 거느리며 저마다 유능한 식객이 많음을 자랑하고 있었다.

한편 이들에게 질세라 식객을 모은 사람이 있었다. 일개 상인 출신으로 당시 최강국인 진(秦)나라의 재상(宰相)이 되어 어린 왕 정(政 : 훗날의 시황제)으로부터 중부(仲父)라 불리며 위세를 떨친 문신후(文信侯) 여불위(呂不韋 : 정의 친아버지라는 설도 있음)가 바로 그 사람이다.

정의 아버지인 장양왕(莊襄王) 자초(子楚)가 태자가 되기 전 인질로 조나라에 있을 때 '기화가거(奇貨可居)'라며 천금을 아낌없이 투자하여 오늘날의 영화를 거둔 여불위였다. 그는 막대한 사재(私財)를 풀어 삼천여 명의 식객을 모았다.

이 무렵에는 각국에서는 많은 책을 펴내고 있었는데, 특히 순자(荀子)가 수만 어(語)의 저서를 내었다는 소식을 듣자, 여불위는 당장 식객들을 시켜 30여만 어에 이르는 대작(大作)을 만들었다. 이 책은 천지만물(天地萬物), 고금(古今)의 일이 모두 적혀 있는 오늘날의 백과사전과 같은 것이었다.

'이런 대작은 나 말고 누가 감히 만들 수 있단 말인가!'

의기양양해진 여불위는 이 책을 자기가 편찬한 양 <여씨춘추(呂氏春秋)>라 이름지었다. 그리고 이 <여씨춘추>를 도읍인 함양(咸陽)의 성문 앞에 진열시킨 다음 그 위에 천금을 매달아 놓고 방문(榜文)을 써 붙였다.

"누구든지 이 책에서 한 자라도 덧붙이거나 빼는 사람에게는 천금을 주리라."

이는 상혼(商魂)이 왕성한 여불위의 우수 식객 유치 책에 다름 아니었던 것이다.

自暴自棄 자포자기

自 : 스스로 자 暴 : 사나울 포 棄 : 버릴 기
[준말] 자포(自暴), 포기(暴棄), 자기(自棄)
[출전] <孟子> '離婁篇'

[풀이] 스스로 자신을 학대하고 돌보지 아니함.

춘추전국시대를 살다간 아성(亞聖) 맹자(孟子)는 '자포자기'에 대해 <맹자> '이루편(離婁篇)'에서 이렇게 말했다.

"자포(自暴 : 스스로를 학대)하는 사람과는 더불어 대화를 나눌 수가 없다. 자기(自棄 : 스스로를 버림)하는 사람과도 더불어 행동을 할 수가 없다. 입만 열면 예의 도덕을 헐뜯는 것을 자포라고 한다. 한편 도덕의 가치를 인정하면서도 인(仁)이나 의(義)라는 것은 자기와는 무관한 것이라고 생각하는 것을 자기(自棄)라고 한다.

사람의 본성(本性)은 원래 선(善)한 것이다. 그러므로 사람에게 있어서 도덕의 근본이념인 '인'은 편안한 집[安宅]과 같은 것이며, 올바른 길인 '의'는 사람에게 있어서의 정로(正路 : 正道)를 말하는 것이다.

편안한 집을 비운 채 들어가 살려 하지 않으며, 올바른 길을 버린 채 그 길을 걸으려 하지 않는 것은 실로 개탄할 일이로다."

戰戰兢兢 전전긍긍

戰 : 무서워떨 전, 싸움할 전 兢 : 조심할 긍

[유사어] 소심익익(小心翼翼)

[출전] <詩經> '小雅篇'

[풀이] 두려워서 벌벌 떨며 조심하는 모양.

전전(戰戰)이란 몹시 두려워서 벌벌 떠는 모양이고, 긍긍(兢兢)이란 몸을 움츠리고 조심하는 모양을 말한다.

이 말은 중국 최고(最古)의 시집(詩集)인 <시경(詩經)> '소아편(小雅篇)의 소민(小旻)'이라는 시(詩)의 마지막 구절에 나오는데 그 시의 내용은 모신(謀臣)이 군주의 측근에 있으면서 옛 법을 무시한 정치를 하고 있음을 개탄한 것으로 다음과 같다.

不敢暴虎 不敢憑河 (불감포호 불감빙하) 감히 맨손으로 범을 잡지 못하고, 걸어 강을 건너지 못한다

人知其一 莫知其他 (인지기일 막지기타) 사람들은 그 하나는 알지만 그 밖의 것은 전혀 알지 못하네

戰戰兢兢 如臨深淵 (전전긍긍 여림심연) 두려워서 벌벌 떨며 조심하기를 마치 깊은 연못에 임하듯 하고

如履薄氷(여리박빙) 살얼음을 밟고 가듯 하네

前車覆轍 전차복철

前 : 앞 전 車 : 수레 차 覆 : 엎어질 복 轍 : 바퀴자국 철
[유사어] 답복철(踏覆轍), 답복차지철(踏覆車之轍), 전철(前轍)
[출전] <漢書> '賈誼專', <說苑> '善說', <後漢書> '竇武專(두무전)'

[풀이] 앞 수레가 엎어진 바퀴 자국이란 뜻으로, 앞사람의 실패나 실패의 전례를 말함. 또는 앞사람의 실패를 거울삼아 주의하라는 교훈.

전한 5대 황제인 문제(文帝)때 가의(賈誼)라는 명신이 있었다. 그는 문제가 여러 제도를 개혁하고 어진 정치를 베풀어 역사에 인군(仁君)으로 이름을 남기는 데 크게 기여한 공신인데, 당시 그가 상주한 글에 이런 구절이 있다.

"속담에 '앞 수레의 엎어진 바퀴 자국[前車覆轍]'은 뒤의 수레를 위한 교훈[後車之戒]이란 말이 있습니다. 전 왕조인 진(秦)나라가 일찍 멸망한 까닭은 잘 알려진 일인데, 만약 진나라가 범한 과오를 피하지 않는다면 그 전철(前轍)을 밟게 될 뿐입니다. 국가 존망, 치란(治亂)의 열쇠가 실로 여기에 있으니 통촉하십시오."

문제는 이후 국정 쇄신(國政刷新)에 힘써 마침내 태평성대를 이룩했다고 한다.

이 말은 <설원(說苑)> '선설(善說)'에도 실려 있다.

춘추전국시대에 위(魏)나라 문후(文侯)가 어느 날 중신들을 불러 주연을 베풀었다. 취흥(醉興)이 도도한 문후가 말했다.

"술맛을 보지 않고 그냥 마시는 사람에게는 벌주를 한 잔 안기는 것이 어떻겠소?"

모두들 찬동했다. 그런데 문후가 맨 먼저 그 규약을 어겼다. 그러자 주연을 주관하는 관리인 공손불인(公孫不仁)이 술을 가득 채운 큰 잔을 문후에게 바쳤다. 문후가 계속 그 잔을 받지 않자 공손불인은 이렇게 말했다.

"'전차복철은 후차지계'란 속담이 있는데, 이는 전례를 거울삼아 주의하라는 교훈입니다. 지금 전하께서 규약을 만들어 놓으시고 그 규약을 지키지 않는 전례를 남기신다면 누가 그 규약을 지키려 하겠습니까? 하오니, 이 잔을 받으십시오."

문후는 곧 수긍하고 그 잔을 받아 마셨다. 그리고 그 후 공손불인을 중용했다고 한다.

轉禍爲福 전화위복

轉 : 구를 전　禍 : 재화 화　爲 : 할·위할 위　福 : 복 복

[동의어] 인화위복(因禍爲福)　[유사어] 새옹지마(塞翁之馬)

[출전] <戰國策> '燕策'

[풀이] 화(禍)가 복(福)이 되거나, 또는 화가 오히려 복이 된다는 말.

　　중국 춘추전국시대 합종책(合從策)으로 6국, 곧 한(韓)·위(魏)·조(趙)·연(燕)·제(齊)·초(楚)의 재상을 겸임했던 종횡가(縱橫家) 소진(蘇秦)은 이런 말을 한 적이 있다.

　　"옛날에 일을 잘 처리했던 사람은 '화를 바꿔 복으로 만들었고[轉禍爲福]', 실패를 바꿔 공(功)으로 만들었다[因敗爲功]."

　　어떤 불행한 일이라도 끊임없는 노력과 강인한 의지로 힘쓰면 불행을 행복으로 바꾸어 놓을 수 있다는 말이다.

切磋琢磨 절차탁마

切 : 끊을 절 磋 : 갈 차 琢 : 쫄 탁 磨 : 갈 마

[원어] 여절여차여탁여마(如切如磋如琢如磨)

[출전] 〈論語〉 '學而篇', 〈詩經〉 '衛風篇'

[풀이] 자르고 깎고 갈고 닦아서 빛을 낸다는 뜻으로, 수양에 수양을 쌓는다는 말. 학문, 기예 따위를 힘써 갈고 닦음을 비유한 말.

언변과 재기가 뛰어난 자공(子貢)이 어느 날 스승인 공자에게 이렇게 물었다.

"선생님, 가난하더라도 남에게 아첨하지 않으며[貧而無諂], 부자가 되더라도 교만하지 않는 사람이 있다면[富而無驕], 그건 어떤 사람일까요?"

"좋긴 하지만, 가난하면서도 도를 즐기고[貧而樂道], 부자가 되더라도 예를 좋아하는 사람만은 못하느니라[富而好禮]."

공자의 대답에 이어 자공은 또 이렇게 물었다.

"〈시경(詩經)〉에 '선명하고 아름다운 군자는 뼈나 상아(象牙)를 잘라서 줄로 간 것[切磋]처럼 또한 옥이나 돌을 쫄아서 모래로 닦은 것[研磨]처럼 밝게 빛나는 것 같다'고 나와 있는데 이는 선생님이 말씀하신 '수양에 수양을 쌓아야 한다'는 것을 말한 것일까요?"

공자는 이렇게 대답했다.

"사(賜 : 자공의 이름)야, 이제 너와 함께 <시경>을 말할 수 있게 되었구나. 과거의 것을 알려주면 미래의 것을 안다고 했듯이 너야말로 하나를 듣고 둘을 알 수 있는 인물이로다."

井中之蛙 정중지와

井 : 우물 정 中 : 가운데 중 之 : 갈 지 蛙 : 개구리 와
[원어] 井中蛙不知大海 [동의어] 井蛙, 井中蛙, 井底之蛙
[출전] <後漢書> '馬援專', <莊子> '秋水篇'

[풀이] 우물 안 개구리라는 뜻으로, 식견이 좁음을 말함.

옛 중국, 왕망(王莽)이 전한(前漢)을 멸하고 세운 신(新)나라 말경에 마원(馬援)이란 인재가 있었다. 그는 관리가 된 세 형과는 달리 고향에서 조상의 묘를 지키다가 농서[隴西 : 감숙성(甘肅省)]에 웅거하는 외효(隗囂)의 부하가 되었다.

그 무렵 공손술(公孫述)은 촉(蜀) 땅에 성(成)나라를 세우고 황제를 참칭(僭稱)하며 세력을 키우고 있었다. 외효는 그가 어떤 인물인지 알아보기 위해 마원을 보냈다. 마원은 고향 친구인 공손술이 반가이 맞아 주리라 믿고 즐거운 마음으로 찾아갔다. 그러나 공손술은 계단 아래 무장한 군사들을 도열시켜 놓고 위압적인 자세로 마원을 맞았다. 그리고 거드름을 피우며 말했다.

"옛날의 우정을 생각해서 자네를 장군에 임명할까 하는데, 어떤가?"
마원은 잠시 생각해 보았다.

'천하의 자웅(雌雄)은 아직 결정되지 않았는데, 공손술은 예를 다하여

천하의 인재를 맞으려 하지 않고 허세만 부리고 있구나. 이런 자와 어찌 천하를 도모할 수 있겠는가…'

마원은 서둘러 돌아와서 외효에게 고했다.

"공손술은 좁은 촉 땅에서 으스대는 재주밖에 없는 '우물 안 개구리[井中之蛙]'였습니다."

그래서 외효는 공손술과 손잡을 생각을 버리고 훗날 후한(後漢)의 시조가 된 광무제(光武帝)와 수호(修好)하게 되었다.

'정중지와'란 말은 <장자(莊子)> '추수편(秋水篇)'에도 다음과 같이 실려 있다.

북해(北海)의 해신(海神)인 약(若)이 황하(黃河)의 하신(河神)인 하백(河伯)에게 말했다.

"우물 안 개구리가 바다에 대해 말할 수 없는 것은 자기가 살고 있는 곳에 구애하기 때문이다. 여름 벌레가 얼음에 대해 말할 수 없는 것은 여름 한 철밖에 모르기 때문이다. 한 가지 일밖에 모르는 사람과 도(道)에 대해 말할 수 없는 것은 자기가 배운 것에 속박되어 있기 때문이다."

糟糠之妻 조강지처

糟 : 술지게미 조　糠 : 겨 강　之 : 갈 지　妻 : 아내 처

[원말] 조강지처불하당(糟糠之妻不下堂)

[출전] 〈後漢書〉 '宋弘專'

[풀이] 술지게미와 겨로 끼니를 이을 만큼 구차할 때 함께 고생한 아내.

옛 중국, 전한(前漢)을 찬탈한 왕망(王莽)을 멸하고 유씨(劉氏) 천하를 재흥한 후한(後漢) 광무제(光武帝) 때의 일이다. 당시 감찰(監察)을 맡아보던 대사공(大司空 : 御史大夫) 송홍(宋弘)은 온후한 사람이었으나 강직한 인물이기도 했다.

어느 날 광무제는 미망인이 된 누나인 호양공주(湖陽公主)를 불러 신하 중 누구를 마음에 두고 있는지 그 의중을 떠보았다. 그 결과 호양 공주는 당당한 풍채와 덕성을 지닌 송홍에게 호감을 갖고 있다는 것을 알았다. 그 후 광무제는 호양공주를 병풍 뒤에 앉혀 놓고 송홍과 이런저런 이야기를 나누던 끝에 이런 질문을 했다.

"흔히들 고귀해지면 천할 때의 친구를 바꾸고, 부유해지면 가난할 때의 아내를 버린다고 하던데 모두가 인지상정(人之常情) 아니겠소?"

그러자 송홍은 이렇게 대답했다.

"폐하, 황공합니다만 신은 '가난하고 천할 때의 친구는 잊지 말아야 하며[貧賤之交 不可忘], 술지게미와 겨로 끼니를 이을 만큼 구차할 때 함께 고생하던 아내는 버리지 말아야 한다[糟糠之妻 不下堂]'고 들었는데 그것은 사람의 마땅한 도리라고 생각됩니다."

이 말을 들은 광무제와 호양공주는 크게 실망했다고 한다.

朝名市利 조명시리

朝 : 아침 조 名 : 이름 명 市 : 저자 시 利 : 이로울 리

[유사어] 적시적지(適時適地) [참조] 일거양득(一擧兩得)

[출전] <戰國策> '秦策'

[풀이] 명성은 조정에서 다투고, 이익은 저자[市場]에서 다투라는 뜻으로, 무슨 일이든 적당한 장소에서 행하라는 말.

중국 진(秦)나라 혜문왕(惠文王) 때의 일이다. 중신 사마조(司馬錯)는 어전에서 '촉(蜀)'의 오랑캐를 정벌하면 국토도 넓어지고 백성들의 재물도 쌓일 것이므로, 이야말로 일거양득(一擧兩得)'이라며 촉으로의 출병을 주장했다.

그러나 종횡가(縱橫家) 출신의 재상 장의(張儀)는 그와는 달리 혜문왕에게 이렇게 진언했다.

"진나라는 우선 위(魏)·초(楚) 두 나라와 우호 관계를 맺고, 한(韓)나라의 삼천(三川) 지방으로 출병한 후 천하의 종실인 주(周)나라의 외곽을 위협하면, 주나라는 스스로 구정[九鼎 : 천자(天子)를 상징하는 보물]을 지키기 어렵다는 것을 알고 반드시 그 보물을 내놓을 것입니다. 그때 천자를 끼고 천하에 호령하면 누가 감히 복종하지 않겠습니까? 이것이 패업(覇業)이라는 것입니다. 그까짓 변경의 촉을 정벌해 봤자 군사와 백성을 피폐(疲弊)하게 할 뿐 무슨 명리(名利)가 있겠습니까?

신(臣)이 듣기로는 '명성은 조정에서 다투고 이익은 저자에서 다툰다[朝名市利]'고 합니다. 지금 삼천 지방은 천하의 저자이고 주나라 황실(皇室)은 천하의 조정입니다. 그런데도 전하께서는 이것을 다투려 하지 않고 하찮은 오랑캐 촉과 다투려 하십니다. 혹, 패업을 멀리하시려는 것은 아니신지요?"

그러나 혜문왕은 사마조의 진언에 따라 촉의 오랑캐를 정벌하고 국토를 넓히는 데 주력했다.

[주] **장의** : 전국 시대 말엽의 종횡가. 위(魏)나라 사람. 합종책(合縱策)으로 6국의 재상을 겸임했던 소진(蘇秦)과 함께 수수께끼의 종횡가인 귀곡선생(鬼谷先生)에게서 배움. 위나라의 재상으로 있다가 진(秦)나라 혜문왕(惠文王)의 신임을 받아 진나라의 재상이 됨.

朝三暮四 조삼모사

朝 : 아침 조 三 : 석 삼 暮 : 저물 모 四 : 넉 사
[준말] 조삼(朝三) [동의어] 조사모삼(朝四暮三)
[출전] <列子> '黃帝篇', <莊子> '齊物論'

[풀이] 아침에 세 개, 저녁에 네 개라는 뜻으로, 당장 눈앞의 차별만을 알고 그 결과가 같음을 모름을 비유한 말. 또는 간사한 잔꾀로 남을 속여 희롱함을 이르는 말.

중국 송(宋)나라시대에 저공(狙公)이라는 사람이 있었다. 저(狙)란 원숭이를 뜻한다. 그 이름이 말해 주듯이 저공은 많은 원숭이를 기르고 있었는데 그는 가족의 양식까지 퍼다 먹일 정도로 원숭이를 좋아했다. 그래서 원숭이들은 저공을 따랐고 마음까지 알았다고 한다.

그런데 워낙 많은 원숭이를 기르다 보니 먹이를 대는 일이 날로 어려워졌다. 그래서 저공은 원숭이에게 나누어 줄 먹이를 줄이기로 했다. 그러나 먹이를 줄이면 원숭이들이 싫어할 것 같아 우선 원숭이들에게 이렇게 말했다.

"너희들에게 나누어 주는 도토리를 앞으로는 '아침에 세 개, 저녁에 네 개[朝三暮四]'씩 줄 생각인데 어떠냐?"

그러자 원숭이들은 하나같이 화를 냈다.

'아침에 도토리 세 개로는 배가 고프다'는 불만임을 안 저공은 '됐다' 싶어 이번에는 이렇게 말했다.

"그럼, 아침에 네 개, 저녁에 세 개[朝四暮三]씩 주마."

그러자 원숭이들은 모두 기뻐했다고 한다.

左袒 좌단

左 : 왼 좌　袒 : 웃통 벗을 단

[출전] <史記> '呂后本紀'

[풀이] 웃옷의 왼쪽 어깨를 벗는다는 뜻으로, 남에게 편들어 동의함을
이르는 말.

　중국 한(漢)나라의 고조(高祖) 유방(劉邦)의 황후인 여태후(呂太后)가
죽자, 그때까지 그녀의 위세에 눌려 숨도 제대로 못 쉬고 살았던
유씨(劉氏) 일족과 진평(陳平)·주발(周勃) 등 고조의 유신(遺臣)들은
상장군(上將軍)이 되어 북군(北軍)을 장악한 조왕(趙王) 여록(呂祿),
남군(南軍)을 장악한 여왕(呂王) 여산(呂産) 등 외척 여씨(呂氏) 타도에
나섰다.

　그간 주색에 빠진 양 가장했던 우승상(右丞相) 진평은 태위(太尉)
주발과 상의하여 우선 여록으로부터 상장군의 인수(印綬)를
회수하기로 했다. 마침 어린 황제를 보필하는 역기(酈寄)가 여록과 친한
사이임을 안 진평은 그를 여록에게 보냈다. 역기는 여록을 찾아가
황제의 뜻이라 속이고 상장군의 인수를 회수해 왔다. 그러자 주발은
즉시 북군의 병사들을 모아 놓고 이렇게 말했다.

　"원래 한실(漢室)의 주인은 유씨이다. 그런데 무엄하게도 여씨가 유씨를 누르고 실권을 장악하고 있으니 이는 한실의 불행이 아닐 수 없다. 이제, 나 상장군 주발은 천하를 바로잡으려고 한다. 여기서 여씨에게 충성하려는 자는 우단(右袒)하고, 나와 함께 유씨에게 충성하려는 자는 좌단(左袒)하라."

그러자 전군(全軍)은 모두 좌단하고 유씨에게 충성할 것을 맹세했다. 이리하여 천하는 다시 유씨에게로 돌아갔다.

酒池肉林 주지육림

酒 : 술 주　池 : 못 지　肉 : 고기 육　林 : 수풀 림

[동의어] 육산주지(肉山酒池)　[유사어] 육산포림(肉山脯林)

[출전] <史記> '殷本紀', <帝王世紀>, <十八史略>

[풀이] 술로 못을 이루고 고기로 숲을 이룬다는 뜻으로, 극히 호사스럽고 방탕한 주연(酒宴)을 일컫는 말.

　　고대 중국의 하(夏)나라 걸왕(桀王)과 은(殷)나라 주왕(紂王)은 원래 지용(智勇)을 겸비한 현주(賢主)였으나 그들은 각기 말희(妺喜), 달기(妲己)라고 부르는 희대의 요녀독부(妖女毒婦)에게 빠져 사치와 주색을 탐닉하다가 결국 폭군음주(暴君淫主)라는 낙인이 찍힌 채 나라를 망치고 말았다.

　　하나라 걸왕은 자신이 정복한 오랑캐의 유시씨국(有施氏國)에서 공물로 바친 희대의 요녀 말희에게 반해서 보석과 상아로 장식한 궁전을 짓고 옥으로 만든 침대에서 밤마다 일락(逸樂)에 빠졌다. 걸왕은 그녀의 소망에 따라 전국에서 선발한 3,000명의 미소녀(美少女)들에게 오색찬란한 옷을 입혀 날마다 무악(舞樂)을 베풀기도 했다.

　　또 무악에 싫증이 난 말희의 요구에 따라 궁정(宮庭) 한 모퉁이에 큰 못을 판 다음 바닥에 새하얀 모래를 깔고 향기로운 미주(美酒)를 가득 채웠다. 그리고 못 둘레에는 고기로 동산을 쌓고 포육(脯肉)으로 숲을 만들었다. 걸왕과 말희는 그 못에 호화선은 띄우고, 못 둘레에서 춤을 추던 3,000명의 미소녀들이 신호의 북이 울리면 일제히 못의 미주를 마시고 숲의 포육을 탐식(貪食)하는 광경을 바라보며 마냥 즐거워했다.

이 같은 사치음일(奢侈淫佚)의 나날이 계속되는 가운데 국력은 피폐하고 백성의 원성은 하늘에 닿았다. 이리하여 걸왕은 하나라에 복속(服屬)했던 은나라 탕왕(湯王)에게 주벌(誅伐)당하고 말았다.

또한 은나라 마지막 군주인 주왕의 마음을 사로잡은 달기는 주왕이 정벌한 오랑캐의 유소씨국(有蘇氏國)에서 공물로 보내 온 희대의 독부였다. 주왕은 그녀의 끝없는 욕망을 만족시키기 위해 가렴주구를 일삼았다. 그래서 창고에는 백성들로부터 수탈한 전백(錢帛)과 곡식이 산처럼 쌓였고, 국내의 온갖 진수기물(珍獸奇物)은 속속 궁중으로 징발되었다. 또 국력을 기울여 호화찬란한 궁정을 짓고 미주와 포육으로 '주지육림'을 만들었다.

그 못 둘레에서 실오라기 하나 걸치지 않은 젊은 남녀의 한 무리가 음란한 북리무악(北里舞樂)에 맞추어 광란의 춤을 추면 주왕의 가슴에 안긴 달기는 몰아(沒我)의 황홀경(恍惚境)에서 음탕한 미소를 짓곤 했다. 또 때로는 낮에도 장막을 드리운 방에서 촛불을 밝히고 벌이는 광연(狂宴)이 주야장천(晝夜長川) 120일간이나 계속되기도 했는데 은나라 사람들은 이를 장야지음(長夜之飮)이라 일컬었다.

이같이 상궤(常軌)를 벗어난 광태(狂態)를 보다 못해 충신들이 간하면 주왕은 도리어 그들을 제왕의 행동을 비방하는 불충자로 몰아 가차 없이 포락지형(炮烙之刑)에 처하곤 했다. 포락지형이란 기름칠한

구리 기둥[銅柱]을 숯불 위에 걸쳐놓고 죄인을 그 위로 건너가게 하는 일종의 잔인무도한 사형 방법인데, 미끄러운 구리 기둥에서 숯불 속으로 떨어져 타 죽은 희생자들의 아비규환(阿鼻叫喚)의 모습까지도 잔인한 달기의 음욕(淫慾)을 돋우는 재료가 되었다. 이렇듯 폭군 음주로 악명을 떨치던 주왕도 결국 걸왕의 전철을 밟아 주(周)나라 시조인 무왕(武王)에게 멸망하고 말았다.

竹馬故友 죽마고우

竹 : 대나무 죽　馬 : 말 마　故 : 예·연고 고　友 : 벗 우

[동의어] 죽마지우(竹馬之友), 죽마구우(竹馬舊友)

[출전] <世說新語> '品藻篇', <晉書> '殷浩專'

[풀이] 어릴 때 같이 대나무로 만든 말을 타고 놀던 벗이란 뜻으로, 어렸을 때의 벗이나 소꿉동무, 또 어렸을 때 친하게 사귄 사이, 어렸을 때부터의 오랜 친구를 말함.

　중국 진(晉 : 東晉)시대 12대 황제인 간문제(簡文帝) 때의 일이다. 촉(蜀) 땅을 평정하고 돌아온 환온(桓溫)의 세력이 날로 커지자, 간문제는 환온을 견제하기 위해 은호(殷浩)라는 은사(隱士)를 건무장군(建武將軍) 양주자사(揚州刺史)에 임명했다. 그는 환온의 어릴 때 친구로서 학식과 재능이 뛰어난 인재였지만, 은호가 벼슬길에 나간 그날부터 서로 정적이 되어 반목(反目)했다. 왕희지(王羲之)가 화해시키려고 했으나 은호가 듣지 않았다.

　그 무렵에 오호십육국(五胡十六國) 중 하나인 후조(後趙)의 왕 석계룡(石季龍)이 죽고 호족(胡族) 사이에 내분이 일어나자, 진나라에서는 이 기회에 중원 땅을 회복하기 위해 은호를 중원 장군에 임명했다. 은호는 군사를 이끌고 출병했으나 도중에 말에서 떨어지는 바람에 제대로 싸우지도 못하고 결국 대패하고 돌아왔다.

환온은 기다렸다는 듯이 은호를 규탄하는 상소(上疏)를 올려 그를 변방으로 귀양 보내고 말았다. 그리고 환온은 사람들에게 이렇게 말했다.

"은호는 나와 '어릴 때 같이 죽마를 타고 놀던 친구[竹馬故友]'였지만 내가 죽마를 버리면 은호가 늘 가져가곤 했어. 그러니 그가 내 밑에서 머리를 숙여야 하는 것은 당연한 일이 아닌가."

환온이 끝까지 용서해 주지 않음으로 해서 은호는 결국 변방의 귀양지에서 그의 생애를 마쳤다.

樽俎折衝 준조절충

樽 : 술통 준 俎 : 도마 조 折 : 꺾을 절 衝 : 충돌할 충

[유사어] 준조지사(樽俎之師)

[출전] <晏子春秋> '內篇'

[풀이] '술자리[樽俎]에서 유연한 담소(談笑)로 적의 창끝을 꺾어 막는다[折衝]'는 뜻으로, 외교를 비롯하여 그 밖의 교섭에서 유리하게 담판하거나 흥정함을 이르는 말.

　춘추전국시대, 제(齊)나라 장공(莊公)이 신하인 최저(崔杼)에게 시해되자, 동생이 뒤를 잇고 경공(景公)이라 일컬었다. 경공은 최저를 좌상(左相)에 임명하고 그를 반대하는 자는 죽이기로 맹세까지 했다. 이어 모든 신하가 맹세했다.

　그러나 단 한 사람, 안영(晏嬰 : 晏子)만은 맹세하지 않고 하늘을 우러러보며 탄식했다고 한다.

　'임금에게 충성하고 나라를 위하는 사람이라면 좋으련만.'

　이윽고 최저가 살해되자, 경공은 안영을 상국(相國)에 임명했다. 안영은 온후박식(溫厚博識)한 인물로서 '한 벌의 호구(狐裘 : 여우 가죽으로 만든 옷)를 30년이나 입었을[一狐裘三十年]'정도로 검소한 청백리이기도 했다. 한 번은 경공이 큰 식읍(食邑)을 하사하려 하자 그는 이렇게 말하며 사양했다고 한다.

"욕심이 충족되면 망할 날이 가까워집니다."

당시 중국에는 대국만 해도 12개국이나 있었고, 소국까지 세면 100개국이 넘었다. 안영은 이들 나라를 상대로 빈틈없이 외교 수완을 발휘하여 제나라의 지위를 반석 위에 올려놓았다.

안영의 외교 수완에 대해 그의 언행을 수록한 <안자춘추(晏子春秋)>는 이렇게 쓰고 있다.

"술통과 도마 사이[樽俎間 : 술자리]를 나가지 않고 1,000리(里) 밖에서 절충한다 함은, 그것은 안자를 두고 하는 말이다."

衆寡不敵 중과부적

衆 : 무리 중 寡 : 적을과 不 : 아니 불 敵 : 대적할 적

[출전] <孟子> '梁惠王篇'

[풀이] 적은 수효가 많은 수효를 대적하지 못한다는 말.

춘추전국시대, 제국을 순방하며 왕도론(王道論)을 역설하던 맹자가 제(齊)나라 선왕(宣王)에게 말했다.

"전하 스스로는 방일(放逸)한 생활을 하시면서 나라를 강하게 만들고 천하의 패권(覇權)을 잡으려 하시는 것은 그야말로 '나무에 올라 물고기를 구하는 것[緣木求魚]'과 같습니다."

"아니, 과인의 행동이 그토록 나쁘단 말이오?"

"가령, 지금 소국인 추(鄒)나라와 대국인 초(楚)나라가 싸운다면 어느 쪽이 이기겠습니까?"

"그야, 물론 초나라가 이길 것이오."

"그렇다면 소국은 결코 대국을 이길 수 없고 '소수는 다수를 대적하지 못하며[衆寡不敵]' 약자는 강자에게 패하기 마련입니다. 지금 천하에는 1,000리(里) 사방(四方)의 나라가 아홉 개 있는데 제나라도 그중 하납니다. 한 나라가 여덟 나라를 굴복시키려 하는 것은 결코 소국인 추나라가 대국인 초나라를 이기려 하는 것과 같지 않습니까?"

이렇게 몰아세운 다음 맹자는 예의 왕도론을 설파했다.

"왕도로써 백성을 열복(悅服)시킨다면 그들은 모두 전하의 덕에 기꺼이 굴복할 것이며, 또한 천하는 전하의 뜻에 따라 움직이게 될 것입니다…"

中石沒鏃 중석몰촉

中 : 가운데 중　石 : 돌 석　沒 : 잠길 몰　鏃 : 화살 촉
[원어] 射中石沒鏃　[유사어] 精神一到何事不成
[출전] <史記> '李將軍專', <韓詩外專> '卷六'

[풀이] 쏜 화살이 돌에 깊이 박혔다는 뜻, 정신을 집중해서 전력을
다하면 어떤 일에도 성공할 수 있음을 이르는 말.

중국 전한(前漢)시대의 이광(李廣)은 영맹한 흉노족의 땅에 인접한
농서[隴西 : 감숙성(甘肅省)] 지방의 무장 대가(武將大家) 출신으로, 특히
궁술(弓術)과 기마술이 뛰어난 용장이었다. 문제(文帝) 14년, 이광은
숙관(肅關)을 침범한 흉노를 크게 무찌른 공으로 시종 무관이 되었다.
또 그는 황제를 호위하여 사냥을 나갔다가 혼자서 큰 호랑이를
때려잡아 천하에 용명(勇名)을 떨치기도 했다. 그후 이광은 숙원이었던
수비대장으로 전임되자 변경의 성새(城塞)를 전전하면서 흉노를
토벌했는데, 그때도 늘 이겨 상승(常勝) 장군으로 통했다. 그래서
흉노는 그를 '한나라의 비장군(飛將軍)'이라 부르며 감히 넘보지 못했다.
어느 날, 그는 황혼녘에 초원을 지나다가 어둠 속에 몸을 웅크리고
있는 호랑이를 발견하고 일발필살(一發必殺)의 신념으로 활을 당겼다.
화살은 명중했다. 그런데 호랑이가 꼼짝 않았다. 가까이 다가가 보니

그것은 화살이 깊이 박혀 있는 큰 돌이었다. 그는 제자리로 돌아와서 다시 쏘았으나 화살은 돌에 명중하는 순간 튀어 올랐다. 정신을 한데 모으지 않았기 때문이다.

<한시외전(韓詩外專)>에도 초(楚)나라의 웅거자(熊渠子)란 사람이 역시 호랑이인 줄 알고 쏜 화살이 화살 깃까지 묻힐 정도로 돌에 깊이 박혔다[射石飮羽]는 이야기가 실려 있다.

中原逐鹿 중원축록

中 : 가운데 중 原 : 근원 원 逐 : 쫓을 축 鹿 : 사슴 록

[준말] 축록(逐鹿) [동의어] 각축(角逐)

[출전] <史記> '淮陰侯列傳'

[풀이] 중원[天下]의 사슴[帝位]을 쫓는다는 뜻으로, 제위(帝位)를 다투거나 정권을 다툼을 말함. 또는 어떤 지위를 얻기 위해 서로 경쟁함을 뜻함.

중국 한(漢)나라시대 고조(高祖) 11년, 조(趙)나라 재상이었던 진희(陳豨)가 반란을 일으키자, 고조는 토벌에 나섰다. 그 틈에 진희와 내통하던 한신(韓信)이 도읍 장안(長安)에서 군사를 일으키려 했으나 사전에 누설되어 여후(呂后 : 고조의 황후)와 재상 소하(蕭何)에게 모살 당하고 말았다. 이윽고 난을 평정하고 돌아온 고조는 여후에게 물었다.

"한신이 죽기 전에 무슨 말을 하지 않았소?"

"괴통(蒯通)의 말을 듣지 않은 것이 분하다고 했습니다."

괴통은 제(齊)나라의 언변가로서 고조 유방이 항우와 천하를 다툴 때 한신에게 독립을 권했던 사람이다. 고조 앞에 끌려 나온 괴통은 조금도 겁내는 기색 없이 당당히 말했다.

"그때 한신이 저의 말을 들었더라면 오늘날 폐하의 힘으로도 어쩌지 못했을 것입니다."

고조는 크게 노했다.

"저놈을 당장 삶아 죽여라!"

그러자 괴통은 이렇게 항변했다.

"폐하, 신은 전혀 죽을 만한 죄를 진 적이 없습니다. 진(秦)나라의 기강이 무너지고 천하가 어지러워져 각지에 영웅호걸들이 일어났고, 진나라가 사슴[鹿 : 帝位]을 잃음으로 해서 천하는 모두 이것을 쫓았던[逐] 것이며, 그중 키 크고 발 빠른 걸물(傑物 : 고조 유방을 가리킴)이 이것을 잡았던 것입니다. 그 옛날 대악당인 '도척(盜跖)의 개가 요(堯) 임금을 보고 짖었다[跖狗吠堯]'고 해서 요 임금이 악인이라 짖은 것은 아닙니다. 개란 원래 주인이 아니면 짖는 법이온데 당시 신은 오직 한신만 알고 폐하를 몰랐기 때문에 짖었던 것입니다. 그런데 천하가 평정된 지금 난세에 폐하와 마찬가지로 천하를 노렸다 해서 삶아 죽이려 하신다면 이는 도리에 어긋나는 일입니다. 통촉하시기를…."

빈틈없는 항변에 할 말을 잃은 고조는 괴통을 그냥 놓아주지 않을 수 없었다.

指鹿爲馬 지록위마

指 : 손가락·가리킬 지　鹿 : 사슴 록　爲 : 할·위할 위

馬 : 말 마

[출전] <史記> '秦始皇本紀'

[풀이] 사슴을 가리켜 말[馬]이라고 한다는 뜻으로, 윗사람을 농락하여 마음대로 휘두름을 비유한 말. 또는 위압적으로 남에게 잘못을 밀어붙여 끝까지 속이려 한다는 말.

　중국 진(秦)나라 시황제가 죽자, 측근 환관인 조고(趙高)는 거짓 조서(詔書)를 꾸며 태자 부소(扶蘇)를 죽이고 어린 호해(胡亥)를 세워 2세 황제로 삼았다. 현명한 부소보다 용렬한 호해가 다루기 쉬웠기 때문이다. 호해는 '천하의 모든 쾌락을 마음껏 즐기며 살겠다'고 말했을 정도로 어리석었다.

　조고는 이 어리석은 호해를 교묘히 조종하여 경쟁자인 승상 이사(李斯)를 비롯해서 그밖에 많은 구신(舊臣)들을 죽이고 승상이 되어 조정의 실권을 장악했다. 그러자 역심이 생긴 조고는 중신들 가운데 자기를 반대하는 사람을 가려내기 위해 호해에게 사슴을 바치면서 이렇게 말했다.

　"폐하, 말[馬]을 바치겠으니 거두어 주십시오."

"승상은 농담도 잘 하시오. 사슴을 가지고 말이라고 하다니[指鹿爲馬]…. 어떻소? 그대들 눈에도 말로 보이오?"

말을 마치자, 호해는 웃으며 좌우의 신하들을 둘러보았다. 잠자코 있는 사람보다 '그렇다'고 긍정하는 사람이 많았으나 '아니다'라고 부정하는 사람도 있었다. 조고는 부정한 사람을 기억해 두었다가 나중에 죄를 씌워 죽여 버렸다. 그 후 궁중에는 조고의 말에 반대하는 사람이 하나도 없었다고 한다.

그러나 천하는 오히려 혼란에 빠졌다. 각처에서 진나라 타도의 반란이 일어났기 때문이다. 그중 항우와 유방의 군사가 도읍 함양(咸陽)을 향해 진격해 오자, 조고는 호해를 죽이고 부소의 아들 자영(子嬰)을 세워 3세 황제로 삼았다. 그러나 이번에는 조고 자신이 자영에게 주살당하고 말았다.

池魚之殃 지어지앙

池 : 못 지 魚 : 고기 어 之 : 갈 지 殃 : 재앙 앙

[동의어] 앙급지어(殃及池魚)

[출전] <呂氏春秋> '必己篇'

[풀이] 연못 속 물고기의 재앙이란 뜻으로, 화(禍)가 엉뚱한 곳에 미침을 말함. 또는 상관없는 일의 재난에 휩쓸려 드는 것을 비유함.

춘추전국시대 송(宋)나라에서 있었던 일이다. 사마(司馬 : 大臣) 벼슬에 있는 환퇴(桓魋)라는 사람이 천하에 진귀한 보석을 가지고 있었다. 그런데 그가 죄를 지어 처벌을 받게 되자, 보석을 가지고 종적을 감춰 버렸다. 그러자 보석 이야기를 듣고 탐이 난 왕은 어떻게든 그 보석을 손에 넣어야겠다고 생각했다.

그래서 왕은 측근 환관에게 속히 환퇴를 찾아 보석을 감춘 장소를 알아보라 했다. 환관이 어렵사리 찾아가자, 환퇴는 서슴없이 말했다.

"아, 그것? 그건 내가 도망칠 때 궁궐 앞 연못 속에 던져 버렸네."

환관이 그대로 보고하자, 왕은 당장 그물로 연못 바닥을 훑으라고 명했다. 그러나 보석은 없었다. 그래서 이번에는 연못의 물을 다 빼낸 다음 바닥을 샅샅이 뒤졌으나 보석은 끝내 발견되지 않았다. 연못의 물을 없애는 바람에 결국 애꿎은 물고기들만 다 말라죽고 말았다.

知彼知己百戰不殆 지피지기백전불태

知 : 알 지　彼 : 저 피　己 : 몸·자기 기　百 : 일백 백

戰 : 싸울 전　不 : 아닐 불　殆 : 위태할 태

[출전] <孫子> '謀攻篇'

[풀이] 상대를 알고 나를 알면 백 번 싸워도 위태롭지 않다는 뜻으로, 상대방과 자신의 약점과 강점을 알아보고 승산(勝算)이 있을 때 싸워야 이길 수 있다는 말.

　춘추전국시대, 오왕(吳王) 합려(闔閭)의 패업(霸業)을 도운 손무(孫武)는 전국 시대에 초(楚)나라의 병법가로서 <오자(吳子)>를 쓴 오기(吳起)와 더불어 병법의 시조라 불리는데, 그가 쓴 <손자(孫子)> '모공편(謀攻篇)'에는 다음과 같은 글이 실려 있다.

　"적과 아군의 실정을 잘 비교 검토한 후 승산이 있을 때 싸운다면 백 번을 싸워도 결코 위태롭지 아니하다[知彼知己 百戰不殆]. 그리고 적의 실정은 모른 채 아군의 실정만 알고 싸운다면 승패의 확률은 반반이다. 또 적의 실정은 물론 아군의 실정까지 모르고 싸운다면 만 번에 한 번도 이길 가망이 없다."

[주] 여기서 말하는 '백(百)'이란 단순한 숫자상의 '100'이 아니라 '삼(三)', '칠(七)', '구(九)', '천(千)', '만(萬)' 등과 같이 '많은 횟수'를 가리키는 것이라고 할 수 있다.

懲羹吹虀 징갱취제

懲 : 징계할·혼날 징　羹 : 국 갱　吹 : 불 취　虀 : 냉채 제
[동의어] 징갱취채(懲羹吹菜), 징갱취회(懲羹吹膾)
[출전] <楚辭> '七章 惜誦'

[풀이] 뜨거운 국에 데어서 냉채를 불고 먹는다는 뜻, 한 번 실패한 데 혼이 나서 모든 일에 지나치게 조심한다는 말.

　춘추전국시대 말엽, 진(秦)나라에 대항할 수 있는 세력은 초(楚)·제(齊) 두 나라뿐이었다. 그래서 진나라 재상 장의(張儀)는 초·제 동맹의 강화론자(强化論者)인 초나라의 삼려대부[三閭大夫 : 소(昭)·굴(屈)·경(景) 세 왕족의 족장(族長)] 굴원(屈原)을 제거하기로 작정하고 기회를 노렸다. 이윽고 초나라 회왕(懷王)의 총희(寵姬) 정수(鄭袖)와 영신(佞臣) 근상(勤尙) 등이 굴원을 증오하고 있다는 정보가 들어왔다. 장의는 곧 그들을 매수하여 굴원의 실각 공작을 폈다. 드디어 굴원이 조정으로부터 축출되자, 장의는 회왕에게 제나라와 단교하면 진나라의 국토 600리를 할양하겠다고 제의했다. 그래서 회왕은 제나라와 단교했으나 장의는 약속을 이행하지 않았다. 속았다는 것을 안 회왕은 분을 참지 못해 진나라로 쳐들어갔다. 그러나 대패하고 도리어 접경 지역의 국토까지 빼앗겼다. 회왕은 지난 일을 후회하고 굴원을 다시 등용했다.
　그 후 10년이 지난 어느 날에 진나라로부터 우호증진이란 미명 아래 회왕을 초청하는 사신이 왔다. 굴원은 믿을 수 없는 진나라의 초청에 응해서는 안 된다며 극구 반대했다. 그러나 회왕은 왕자 자란(子蘭)의 강권에 따라 진나라에 갔다가 포로가 되어 그 이듬해 객사하고 말았다.

초나라에서는 태자가 왕위에 오르고, 동생인 자란이 재상이 되었다. 굴원은 회왕을 죽음에 이르게 한 자란에게 책임을 물었으나 이는 도리어 참소(讒訴)를 초래하는 결과가 되어 또다시 추방당하고 말았다. 이때 그의 나이는 46세였다.

그 후 10년간 오직 조국애에 불타는 굴원은 망명도 하지 않고 한결같이 동정호(洞庭湖) 주변을 방랑하다가 마침내 울분이 복받친 나머지 멱라(汨羅 : 동정호 남쪽을 흐르는 강)에 몸을 던져 수중고혼(水中孤魂)이 되었다. 이후 사람들은 굴원의 넋을 '멱라의 귀[汨羅之鬼]'이라 일컫고 있다.

<초사(楚辭)>에 실려 있는 굴원의 작품 중 대부분은 이 방랑 시절에 씌어진 것들이다. 그는 늘 위기에 처한 조국을 걱정하고 나라를 그르치는 영신을 미워하며 그의 고고한 심정을 정열적으로 노래했는데 '징갱취제'는 <초사> '9장' 중 '석송(惜誦)'이란 시의 첫 구절이다.

뜨거운 국에 데어서 냉채까지 불고 먹는데
어찌하여 그 뜻(나약함)을 바꾸지 못하는가
懲於羹者而吹齏兮 何不變此志也 (징어갱자이취제혜 하불변차지야)

'석송'은 굴원이 자기 이상으로 주군(主君)을 생각하고 충성을 맹세하는 선비가 없음을 슬퍼하고, 그럼에도 불구하고 뭇사람들로부터 소외된 것을 분노하며 어쩔 수 없는 고독을 한탄하면서도 그 절조만은 변절하지 않겠다는 강개지심(慷慨之心)을 토로한 시이다.

創業守成 창업수성

創 : 비롯할 창 業 : 업 업 守 : 지킬 수 成 : 이룰 성

[원말] 이창업난수성(易創業難守成)

[출전] <唐書> '房玄齡專', <貞觀政要> '君道篇', <資治通鑑>

[풀이] 일을 시작하기는 쉬우나 이루어 놓은 것을 지키기는 어렵다는 말.

　중국 수(隋)나라시대 말엽의 혼란기에 이세민(李世民)은 아버지인 이연(李淵)과 함께 군사를 일으켜 관중(關中)을 장악했다. 이듬해 2세 양제(煬帝)가 암살되자, 이세민은 양제의 손자인 3세 공제(恭帝)를 폐하고 당(唐)나라를 '창업'했다.

　고조(高祖) 이연에 이어 제위에 오른 2세 태종(太宗) 이세민은 우선 사치를 경계하고, 천하 통일을 완수하고, 외정(外征)을 통해 국토를 넓히고, 제도적으로 민생 안정을 꾀하고, 널리 인재를 등용하고, 학문, 문화 창달에 힘씀으로써 후세 군왕이 치세(治世)의 본보기로 삼는 성세(盛世)를 이룩했다. 이 성세를 일컬어 '정관의 치[貞觀之治 : 태종 정관의 치세]'라고 한다.

　'정관의 치'가 태어날 수 있었던 것은 결단력이 뛰어난 좌복야(左僕射) 두여회(杜如晦), 기획력이 빼어난 우복야(右僕射) 방현령(房玄齡), 강직한 대부(大夫) 위징(魏徵) 등과 같은 많은 현신들이 선정(善政)에 힘쓰는 태종을 잘 보필했기 때문이다. 어느 날, 태종은 이들 현신이 모인 자리에서 질문을 했다.

"창업과 수성은 어느 쪽이 어렵소?"

방현령이 대답했다.

"창업은 우후죽순(雨後竹筍) 같은 군웅 가운데 최후의 승자만이 할 수 있는 것이니, 그만큼 창업이 어려운 줄로 압니다."

그러나 위징의 대답은 달랐다.

"예로부터 임금의 자리는 간난(艱難) 속에서 어렵게 얻어, 안일(安逸) 속에서 쉽게 잃는 법입니다. 그런 만큼 수성이 어려운 것으로 사료됩니다."

그러자 태종이 말했다.

"방공(房公)은 짐과 함께 천하를 얻고, 구사일생(九死一生)으로 살아났소. 그래서 창업이 어렵다 한 것이오. 그리고 위공(魏公)은 짐과 함께 국태민안(國泰民安)을 위해 항상 부귀에서 싹트는 교사(驕奢)와 방심에서 오는 화란(禍亂)을 두려워하고 있소. 그래서 수성이 어렵다고 한 것이오. 이제 창업은 끝났소. 그래서 짐은 앞으로 제공(諸公)과 함께 수성에 힘쓸까 하오."

天高馬肥 천고마비

天 : 하늘 천   高 : 높을 고   馬 : 말 마   肥 : 살찔 비

[원어] 추고마비(秋高馬肥)   [동의어] 秋高塞馬肥

[출전] <漢書> '匈奴專'

[풀이] 하늘이 높고 말이 살찐다는 뜻이니, 하늘이 맑고 오곡백과(五穀百果)가 무르익는 가을을 나타내는 말. 또는 활동하기 좋은 계절을 이르는 말.

중국 은(殷)나라시대 초기에 중국 북방에서 일어난 흉노는 주(周)·진(秦)·한(漢)의 삼왕조(三王朝)를 거쳐 육조(六朝)에 이르는 근 2,000년 동안 북방 변경의 농경 지대를 끊임없이 침범 약탈해 온 표한(剽悍)한 유목민족이었다. 그래서 고대 중국의 군주들은 흉노의 침입을 막기 위해 늘 고심했는데 전국시대에는 연(燕)·조(趙)·진(秦)나라의 북방 변경에 성벽을 쌓았고, 천하를 통일한 진시황(秦始皇)은 기존의 성벽에 증축, 연결하여 만리장성을 완성하기도 했다.

그러나 흉노의 침입은 끊이지 않았다. 북방의 초원에서 방목과 수렵으로 살아가는 흉노에게 우선 초원이 얼어붙는 긴 겨울을 살아야 할 양식이 필요했기 때문이다. 그래서 북방 변경의 중국인들은 '하늘이 높고 말이 살찌는[天高馬肥] 가을만 되면 언제 흉노가 쳐들어올지 몰라 전전긍긍(戰戰兢兢)했다고 한다.

千慮一失 천려일실

千 : 일천 천　慮 : 생각할 려　一 : 한 일　失 : 잃을 실

[원어] 智者千慮必有一失　[동의어] 智者一失

[출전] <史記> '淮陰侯列傳'

[풀이] 천 가지 생각 중에 한 가지 실책이란 뜻, 지혜로운 사람이라도 많은 생각을 하다 보면 하나쯤은 실책이 있을 수 있다는 말.

　중국 한나라시대 고조의 명에 따라 대군을 이끌고 조(趙)나라로 쳐들어간 한신(韓信)은 결전을 앞두고 '적장 이좌거(李左車)를 사로잡는 장병에게는 천금을 주겠다'고 공언했다. 지덕(知德)을 겸비한 그를 살리고 싶었기 때문이다. 결전 결과 조나라는 괴멸했고, 이좌거는 포로가 되어 한신 앞에 끌려 나왔다. 한신은 손수 포박을 풀어 준 뒤 상석에 앉히고 주연을 베풀어 위로하며 한나라의 천하통일에 마지막 걸림돌로 남아 있는 연(燕)·제(齊)에 대한 공략책을 물었다. 그러나 이좌거는 '패한 장수는 병법을 논하지 않는 법[敗軍將兵不語]'이라며 입을 다물었다. 한신이 재삼 정중히 청하자, 그는 이렇게 말했다.

　"패장이 듣기로는 '지혜로운 사람도 많은 생각을 하다 보면 반드시 하나쯤은 실책이 있다[智者千慮必有一失]'고 했습니다. 그러니 패장의 생각 가운데 하나라도 득책이 있으면 이만 다행이 없겠습니다."

　그 후 이좌거는 한신의 참모가 되어 크게 공헌했다고 한다.

千載一遇 천재일우

千 : 일천 천　載 : 실을 재　一 : 한 일　遇 : 만날 우

[동의어] 千載一時, 千載一會, 千歲一時　[유사어] 盲龜浮木

[출전] <文選> '袁宏 三國名臣序贊'

[풀이] 천 년[千載]에 한 번 만날 수 있는 기회란 뜻으로, 좀처럼 만나기 어려운 기회를 이르는 말.

중국 동진(東晉)시대의 학자로서 동양태수(東陽太守)를 역임한 원굉(袁宏)은 여러 문집에 시문 300여 편을 남겼는데, 특히 유명한 것은 <문선>에 수록된 '삼국명신서찬(三國名臣序贊)'이다. 이것은 <삼국지>에 실려 있는 건국 명신 20명에 대한 행장기(行狀記)인데, 그 중 위(魏)나라의 순문약(荀文若)을 찬양한 글에서 원굉은 '대저 백락(伯樂)을 만나지 못하면 천 년이 지나도 천리마[驥] 한 필을 찾아내지 못한다[夫未遇伯樂則千載無一驥]'고 적고, 현군과 명신의 만남이 결코 쉽지 않다는 것을 비유적으로 쓰고 있다.

　대저 만 년에 한 번의 기회는 이 세상의 통칙이며
　천 년에 한 번의 만남은 현군과 명신의 진귀한 해후다
　夫萬歲一期 有生之通途(부만세일기 우생지통도)

千載一遇, 賢智之嘉會(천재일우 현지지가회)

[주] **순문약** : 후한(後漢) 말, 조조(曹操)의 참모로 활약했으나 조조에게 역심이 있음을 알고 반대하다가 배척당한 강직한 인물. **백락** : 주(周)나라 시대에 준마(駿馬)를 잘 가려냈다는 명인.

鐵面皮 철면피

鐵 : 쇠 철 面 : 낯·겉 면 皮 : 가죽 피

[동의어] 厚顔無恥 [유사어] 面帳牛皮, 强顔女子

[출전] <北夢瑣言(북몽쇄언)>, <盧堂錄>

[풀이] 얼굴에 철판을 깐 듯 부끄러움을 모르는 사람. 뻔뻔스러워 부끄러워할 줄 모르거나 또 그런 사람. 낯가죽이 두꺼워 부끄러움이 없음 – 후안무치(厚顔無恥).

옛 중국에 왕광원(王光遠)이란 사람이 있었다. 학재가 뛰어나 진사(進士)시험에도 합격했으나 출세욕이 지나쳐 그는 고관의 습작시를 보고도 '이태백(李太白)도 감히 미치지 못할 신운(神韻 : 신비롭고 고상한 운치)이 감도는 시'라고 극찬할 정도로 뻔뻔한 아첨꾼이 되었다.

아첨할 때 그는 주위를 의식하지 않고 상대가 무식한 짓을 해도 웃곤 했다. 한 번은 고관이 취중에 매를 들고 이렇게 말했다.

"자네를 때려 주고 싶은데, 맞아 볼 텐가?"

"대감의 매라면 기꺼이 맞겠습니다. 자 어서…."

고관은 사정없이 왕광원을 매질했다. 그래도 그는 화를 내지 않았다. 동석했던 친구가 돌아오는 길에 질책하듯 말했다.

"자네는 쓸개도 없나? 만좌(滿座) 중에 그런 모욕을 당하고서도 어쩌면 그토록 태연할 수 있단 말인가?"

"하지만 그런 사람에게 잘 보이면 나쁠 게 없네."

친구는 기가 막혀 입을 다물고 말았다. 당시 사람들은 그를 가리켜 이렇게 말했다고 한다.

"광원의 낯가죽은 두껍기가 열 겹의 철갑(鐵甲)과 같다."

淸談 청담

淸 : 맑을 청　談 : 말씀 담

[유사어] 청언(淸言), 청담(淸譚)

[출전] <晉書> '郄超傳' '王衡傳', <宋書> '蔡郭傳論', <顔氏家訓>

[풀이] 명리(名利), 명문(名聞)을 떠난 청아(淸雅)한 이야기. 청정무위 (淸淨無爲)의 공리공론(空理空論)을 말함.

　중국 위진시대(魏晉時代)는 정치가 불안정하고 사회가 혼란해서 정치적 권력자와 그에 추종하는 세속적 관료들의 횡포도 극심했다. 그래서 당시 사대부(士大夫) 간에는 오탁(汚濁)한 속세를 등지고 산림에 은거(隱居)하여 노장(老莊)의 철학이라든가 문예 등 고상한 이야기를 하는 것이 유행이었다.

　그 중에서도 죽림칠현(竹林七賢)은 '청담'을 논하며 명교(名敎 : 儒敎) 도덕에 저항했다.

靑天白日 청천백일

靑 : 푸를 청　天 : 하늘 천　白 : 흰 백　日 : 날 일

[출전] <唐宋八 家文> '韓愈 與崔群西', <朱子全書> '諸子篇'

[풀이] 푸른 하늘에 쨍쨍하게 빛나는 해라는 뜻으로, 맑게 갠 대낮이나 뒤가 썩 깨끗한 일, 또 원죄가 판명되어 무죄가 되는 일을 말함. 푸른 바탕의 한복판에 12개의 빛살이 있는 흰 태양을 배치한 무늬.

　중국 당나라시대 중기의 시인이자 정치가인 한유[韓愈 : 자는 퇴지(退之)]는 당송팔대가(唐宋八大家) 중 굴지의 문장가로 꼽혔던 사람인데 그에게는 최군(崔群)이라는 인품이 훌륭한 벗이 있었다. 한유는 외직(外職)에 있는 그 벗의 인품을 기리며 <최군에게 주는 글[與崔群書]>을 써 보냈는데 명문(名文)으로 유명한 그 글 속에는 이런 구절이 있다.

　"사람들이 저마다 좋고 싫은 감정이 있을 터인데 현명한 사람이든 어리석은 사람이든 모두 자네를 흠모하는 까닭은 무엇일까? 봉황(鳳凰)과 지초[芝草 : 영지(靈芝)]가 상서로운 조짐이라는 것은 누구나 다 알고 있는 일이며, '청천백일'이 맑고 밝다는 것은 노예인들 모를 리 있겠는가?"

[주] 여기서 '청천백일'이란 말은 최군의 인품이 청명(淸明)하다는 것이 아니라 최군처럼 훌륭한 인물은 누구든지 알아본다는 뜻임. **당송팔대가** : 당(唐)나라와 송(宋 : 北宋)나라 시대의 여덟 명의 문장 대가(大家), 곧 당나라의 한유(韓愈 : 韓退之) 유종원(柳宗元 : 柳子厚), 송나라의 구양수(歐陽脩 : 歐永叔) 왕안석(王安石 : 王介甫) 증공(曾鞏 : 曾子固) 소순(蘇洵 : 蘇明允) 소식(蘇軾 : 蘇東坡) 소철(蘇轍 : 蘇子由)을 말함. 당송팔가, 팔대가라고도 일컬음.

靑天霹靂 청천벽력

靑 : 푸를 청　天 : 하늘 천　霹 : 벼락 벽　靂 : 벼락 력
[원어] 청천비벽력(靑天飛霹靂)
[출전] 육유(陸游)의 <劍南詩稿> '九月四日鷄未鳴起作'

[풀이] 맑게 갠 하늘에 치는 벼락이란 뜻으로, 생각하지도 않았던 무서운 일, 또는 갑자기 일어난 큰 사건이나 이변(異變)을 말함.

　이 말은 중국 남송(南宋)시대의 시인 육유(陸游)의 시(詩) <검남시고(劍南詩稿)> 일부분으로, 오언절구로 이루어진 끝 구절이다.

　　방옹이 병으로 가을을 지내고 홀연히 일어나 취하여 글을 쓰니
　　정히 오래 움츠렸던 용과 같이 푸른 하늘에 벼락을 치네
　　放翁病過秋 忽起作醉墨 (방옹병과추 물기작취묵)
　　正如久蟄龍 靑天飛霹靂 (정여구잠룡 청천비벽력)

靑出於藍 청출어람

靑 : 푸를 청　出 : 날 출　於 : 어조사 어　藍 : 쪽 람

[준말] 출람(出藍)　[동의어] 出藍之譽, 出藍之才, 後生角高

[출전] <荀子> '勸學篇'

[풀이] 쪽[藍]에서 나온 푸른 물감이 쪽빛보다 더 푸르다는 뜻으로, 제자가 스승보다 더 나음을 이르는 말.

　이 말은 중국 춘추전국시대의 유학자(儒學者)로 성악설(性惡說)을 주창한 순자(荀子)의 글에 나오는 한 구절이다.

　학문은 그쳐서는 안 된다
　푸른색은 쪽에서 취했지만 쪽빛보다 더 푸르고
　얼음은 물이 이루었지만 물보다도 더 차다
　學不可以已(학불가이이)
　靑取之於藍 而靑於藍 (청취지어람 이청어람)
　氷水爲之 而寒於水 (빙수위지 이한어수)

[주] 학문이란 끊임없이 계속되는 것이므로 중지해서는 안 되며, 청색이 쪽빛보다 푸르듯이, 얼음이 물보다 차듯이 스승을 능가하는 학문의 깊이를 가진 제자도 나타날 수 있다는 말.

逐鹿者不見山 축록자불견산

逐 : 쫓을 축　鹿 : 사슴 록　者 : 놈 자　不 : 아니 불
見 : 볼 견　山 : 메 산　[동의어] 逐獸者目不見太山
[출전] <淮南子> '說林訓篇'

[풀이] 사슴을 쫓는 사람은 산을 보지 못한다는 뜻으로, 명예와
이욕(利慾)에 미혹(迷惑)된 사람은 도리도 저버린다는 말. 이욕에 눈이
먼 사람은 눈앞의 위험도 돌보지 않거나 보지 못한다는 뜻. 또는 한
가지 일에 마음을 뺏기는 사람은 다른 일을 생각하지 않는다는 말.

　중국 전한(前漢)시대 7대 황제 무제(武帝) 때 중앙 정권에 대항적인
입장을 취했던 왕족 회남왕(淮南王) 유안(劉安)은 문하(門下) 식객(食客)의
도움을 받아 많은 서책을 저술했는데, 그중 특히 도가(道家)사상을
중심으로 엮은 <회남자(淮南子)>에는 다음과 같은 글이 실려 있다.

　사슴을 쫓는 사람은 산을 보지 못하고
　돈을 움키는 사람은 사람을 보지 못한다.
　逐鹿者不見山(축록자불견산)
　攫金者不見人(확금자불견인)

癡人說夢 치인설몽

癡 : 어리석을 치　人 : 사람 인　說 : 말씀 설　夢 : 꿈 몽
[원어] 對癡人夢說)　[동의어] 癡人前說夢
[출전] <冷齋夜話> '卷九', <黃山谷題跋>

[풀이] 바보에게 꿈 이야기를 한다는 뜻, 어리석기 짝이 없는 짓, 또는
이야기가 상대방에게 이해되지 않음을 말함.

　중국 남송(南宋)시대의 석혜홍(釋惠洪)이 쓴 <냉재야화(冷齋夜話)>
'권9(卷九)'에는 다음과 같은 이야기가 실려 있다.
　당나라시대 서역(西域)의 고승인 승가(僧伽)가 양자강과 회하(淮河)
유역에 있는 지금의 안휘성(安徽省) 지방을 행각(行脚)하고 다닐 때의
일이다. 승가는 한 마을에 이르러 어떤 사람과 이런 문답을 했다.
　"당신은 성이 무엇이오[汝何姓]?"
　"성은 하가요[姓何哥]."
　"어느 나라 사람이오[何國人]?"
　"하나라 사람이오[何國人]."
　승가가 죽은 뒤 당나라의 서도가(書道家) 이옹(李邕)에게 승가의
비문을 맡겼는데, 그는 '대사의 성은 하(何) 씨이고 하나라 사람[何
國人]이다'라고 썼다. 이옹은 승가가 농담으로 한 대답을 진실로

받아들이는 어리석음을 범했던 것이다.

석혜홍은 이옹의 이 어리석음에 대해 <냉재야화>에서 이렇게 쓰고 있다.

"이는 곧 이른 바 어리석은 사람에게 꿈을 이야기한 것이다 [此正所謂對癡說夢耳]. 이옹은 결국 꿈을 참인 줄 믿고 말았으니 참으로 어리석은 사람이 아닐 수 없다."

七步之才 칠보지재

七 : 일곱 칠 步 : 걸음 보 之 : 갈 지 才 : 재주 재

[유사어] 의마지재(倚馬之才), 오보시(五步詩)

[출전] <世說新語> '文學篇'

[풀이] 일곱 걸음을 옮기는 사이에 시를 지을 수 있는 재주라는 뜻으로, 아주 뛰어난 글재주를 이르는 말.

중국 삼국시대의 영웅이었던 위왕(魏王) 조조(曹操)는 문장 출신이었지만, 건안(建安) 문학의 융성을 가져왔을 정도로 시문을 애호하여 우수한 작품을 많이 남겼다. 그 영향을 받아서인지 맏아들인 비(丕)와 셋째 아들인 식(植)도 글재주가 출중했다. 특히 식의 시재(詩才)는 당대의 대가들로부터도 칭송이 자자했다. 그래서 식을 더욱 총애하게 된 조조는 한때 비를 제쳐놓고 식으로 하여금 후사(後嗣)를 잇게 할 생각까지 했었다.

비는 어릴 때부터 식의 글재주를 늘 시기해 오던 차에 후사 문제까지 불리하게 돌아간 적도 있고 해서 식에 대한 증오심은 형용할 수 없을 정도로 깊었다.

조조가 죽은 뒤 위왕을 세습한 비는 후한(後漢)의 헌제(獻帝)를 폐하고 스스로 제위(帝位)에 올라 문제(文帝)라 일컫고 국호를 위(魏)라고 했다.

어느 날, 문제는 동아왕(東阿王)으로 책봉된 조식을 불러 이렇게 하명했다.

"일곱 걸음을 옮기는 사이에 시를 짓도록 하라. 짓지 못할 땐 중벌을 면치 못할 것이니라."

조식은 걸음을 옮기며 이렇게 읊었다.

콩대를 태워서 콩을 삶으니 가마솥 속에 있는 콩이 우는구나
본디 같은 뿌리에서 태어났건만 어찌 이다지 급히 삶아대는가
煮豆燃豆其(자두연두기) 豆在釜中泣(두재부중읍)
本是同根生(본시동근생) 相煎何太急(상전하태급)

'부모를 같이하는 친형제간인데 어째서 이다지도 심히 핍박(逼迫)하는가'라는 뜻의 칠보시(七步詩)를 듣자, 문제는 얼굴을 붉히며 부끄러워했다고 한다.

[주] 이후 '자두연두기', 약하여 '자두연기(煮豆燃其)'는 '형제 혹은 동족간의 싸움을 가리키는 말'로 쓰이고 있음.

他山之石 타산지석

他:다를 타 山:메 산 之:갈 지 石:돌 석
[원어] 他山之石可以攻玉 [유사어] 切磋琢磨, 攻玉以石
[출전] <詩經> '小雅篇'

[풀이] 다른 산의 쓸모없는 돌이라도 옥(玉)을 가는 데에 소용이 된다는 뜻으로, 다른 사람의 하찮은 언행일지라도 자기의 지식이나 인격을 닦는 데에 도움이 된다는 말.

이 말은 <시경(詩經)> '소아편(小雅篇)'의 한 구절이다.

즐거운 저 동산에 박달나무 심겨 있고 그 밑에는 닥나무 있네
다른 산의 돌이라도 이로써 옥을 갈 수 있네
樂彼之園(낙피지원) 爰有樹檀(원유수단) 其下維穀(기하유곡)
他山之石(타산지석) 可以攻玉(가이공옥)

泰山北斗 태산북두

泰 : 클 태　山 : 메 산　北 : 북녘 북　斗 : 말·별자리 두

[준말] 泰斗, 山斗　[동의어] 여태산북두(如泰山北斗)

[출전] <唐書> '韓愈傳贊'

[풀이] 태산과 북두칠성을 가리키는 말로, 권위자, 제일인자, 학문·예술 분야의 대가를 일컬음. 또는 세상 사람들이 우러러 받들거나 가장 존경받는 사람.

　중국 당나라시대 사대시인(四大詩人)의 한 사람으로서 당송팔대가(唐宋八大家) 중 굴지의 명문장가로 꼽혔던 한유(韓愈)는 지금의 하남성(河南省)에서 태어났다.

　그는 9대 황제인 덕종(德宗) 때 25세의 나이로 진사(進士) 시험에 급제한 뒤 이부상서(吏部尙書)까지 되었으나 황제가 관여하는 불사(佛事)를 극간(極諫)하다가 조주자사(潮州刺史)로 좌천되었다. 천성이 강직했던 한유는 그 후에도 여러 차례 좌천·파직(罷職) 당했다가 재등용되곤 했는데, 만년에 이부시랑(吏部侍郎)을 역임한 뒤 57세를 일기로 세상을 떠났다.

　이처럼 순탄치 못했던 그의 벼슬살이와는 달리 한유는 '한유(韓柳)'로 불렸을 정도로 절친한 벗인 유종원(柳宗元)과 함께 고문부흥(古文復興)

운동을 제창하는 등 학문에 힘썼다. 그 결과 후학들로부터 존경의 대상이 되었는데, 그에 대해 <당서(唐書)> '한유전(韓愈傳)'에는 이렇게 적혀 있다.

"당나라가 흥성한 이래 한유는 육경(六經 : 춘추전국시대의 여섯 가지 경서)을 가지고 여러 학자들의 스승이 되었다. 한유가 죽은 뒤 그의 학문은 더욱 흥성했으며, 그래서 학자들은 한유를 '태산북두'를 우러러보듯 존경했다."

[주] **태산** : 중국 제일의 명산. 산동성(山東省)의 태안(泰安)에 있는 오악(五嶽) 중의 하나인 동악(東嶽)으로, 중국에서는 옛날부터 태산을 성산(聖山)으로 추앙해 왔음. **북두** : 북두칠성(北斗七星)을 가리키는 말. 북두칠성이 모든 별들의 중심적인 존재로 받들어지고 있는 데서 남에게 존경받는 훌륭한 인물에 비유하고 있음.

兎死狗烹 토사구팽

兎 : 토끼 토　死 : 죽을 사　狗 : 개 구　烹 : 삶을 팽

[원어] 狡兎死良狗烹　[유사어] 高(飛)鳥盡良弓藏

[출전] <史記> '淮陰侯列傳', <十八史略>, <韓非子> '內儲說篇'

[풀이] 토끼 사냥이 끝나면 사냥개는 삶아 먹는다는 뜻으로, 곧 쓸모가 있을 때는 긴히 쓰이다가 쓸모가 없어지면 헌신짝처럼 버려진다는 말.

　초패왕(楚霸王) 항우(項羽)를 멸하고 한(漢)나라의 고조(高祖)가 된 유방(劉邦)은 소하(蕭何)·장량(張良)과 더불어 한나라 창업 삼걸(三傑)의 한 사람인 한신(韓信)을 초왕(楚王)에 책봉했다. 그런데 이듬해에 항우의 맹장(猛將)이었던 종리매(鍾離昧)가 한신에게 몸을 의탁하고 있다는 사실을 안 고조는 지난날 그에게 고전한 악몽이 되살아나 화가 났다. 그래서 한신에게 당장 압송하라고 명했으나, 종리매와 오랜 친구인 한신은 고조의 명을 어기고 오히려 그를 숨겨 주었다. 그러자 고조에게 '한신은 반심을 품고 있다'는 상소가 올라왔다.

　진노한 고조는 참모 진평(陳平)의 헌책(獻策)에 따라 제후들에게 이렇게 명했다.

　"제후는 초(楚) 땅의 진(陳 : 하남성 내)에서 대기하다가 운몽호(雲夢湖)로 유행(遊幸)하는 짐을 따르도록 하라."

한신을 진에서 포박하든가 나오지 않으면 제후(諸侯)의 군사로 주살(誅殺)할 계획이었다. 고조의 명을 받자, 한신은 예삿일이 아님을 직감했다. 그래서 아예 반기를 들까 생각해 보았지만 죄가 없는 이상 별 일 없을 것으로 믿고 순순히 고조를 배알하기로 했다. 그러나 불안이 아주 가신 것은 아니었다.

그러던 어느 날 교활한 가신(家臣)이 한신에게 속삭이듯 말했다.

"종리매의 목을 가져가시면 폐하께서도 기뻐하실 것입니다."

한신이 이 이야기를 전하자, 종리매는 크게 노했다.

"고조가 초나라를 치지 않는 것은 자네 곁에 내가 있기 때문일세. 그런데도 자네가 내 목을 가지고 고조에게 가겠다면 당장 내 손으로 잘라 주지. 하지만 그땐 자네도 망한다는 걸 잊지 말게."

종리매가 자결하자, 한신은 그 목을 가지고 고조를 배알했다. 그러나 역적으로 포박당하자, 분개하여 이렇게 말했다.

"교활한 토끼를 사냥하고 나면 좋은 사냥개는 삶아 먹히고[狡免死良狗烹(교토사양구팽)], 높이 나는 새를 다 잡으면 좋은 활은 곳간에 처박히며[高鳥盡良弓藏(고조진양궁장)], 적국을 부수면 지혜 있는 신하는 버림을 받는다[敵國破謀臣亡(적국파모신망)]고 하더니, 한나라를 세우기 위해 분골쇄신한 내가 이번에는 죽게 되었구나."

고조는 한신을 죽이지 않았다. 그러나 회음후(淮陰侯)로 좌천시킨 뒤 주거를 도읍인 장안(長安)으로 제한했다.

한신은 유방이 자신을 신임하기는커녕 두려워한다는 것을 알고는 조례에도 나가지 않고 수행도 하지 않았다. 그러던 어느 날 북방 거록(鉅鹿)의 책임자였던 진희가 군사를 일으켰다. 유방이 친히 이를 토벌하러 나간 사이 유방의 아내 여후(呂侯)와 승상 소하(蘇何)가 한신을 반란군과 내통했다는 죄를 물어 체포했다. 장락궁(長樂宮)의 종실(鍾室)에서 그는 무참하게 칼을 맞고 죽었다. 사냥이 끝난 후 삶는 솥으로 들어가는 개의 운명처럼….

推敲 퇴고

推 : 밀 퇴, 옮을 추   敲 : 두드릴 고
[출전] <唐詩紀事> '卷四十 題李凝幽居'

[풀이] 밀거나 두드린다는 뜻으로, 시문(詩文)을 지을 때 자구(字句)를 여러 번 생각하여 고침을 이르는 말.

중국 당나라시대의 시인 가도(賈島)가 어느 날 말을 타고 가면서 <이응의 유거에 제함[題李凝幽居]>이라는 시를 짓기 시작했다.

이웃이 드물어 한거하고 풀숲 오솔길은 황원에 통하네
새는 연못가 나무에 잠자고 중은 달 아래 문을 두드린다
閑居隣竝少(한거린병소) 草徑入荒園(초경입황원)
鳥宿池邊樹(조숙지변수) 僧敲月下門(승고월하문)

그런데 마지막 구절인 '중은 달 아래 문을…'에서 '민다[推]'라고 하는 것이 좋을지 '두드린다[敲]'라고 하는 것이 좋을지 여기서 그만 딱 막혀 버렸다. 그래서 가도는 '민다', '두드린다'는 이 두 낱말만 정신없이 되뇌며 가던 중 타고 있는 말이 마주 오던 고관의 행차와 부딪치고 말았다.

"무례한 놈! 뭣 하는 놈이냐?"

"당장 말에서 내려오지 못할까!"

"이 행차가 뉘 행찬 줄 알기나 하느냐?"

네댓 명의 병졸이 저마다 한 마디씩 내뱉으며 가도를 말에서 끌어내려 행차의 주인공인 고관 앞으로 끌고 갔다. 그 고관은 당대(唐代)의 대문장가인 한유(韓愈)로, 당시 그의 벼슬은 경조윤(京兆尹 : 도읍을 다스리는 으뜸 벼슬)이었다.

한유 앞에 끌려온 가도는 먼저 길을 비키지 못한 까닭을 솔직히 말하고 사죄했다. 그러자 한유는 노여워하는 기색도 없이 잠시 생각하더니 이렇게 말했다.

"내 생각엔 역시 '민다'는 '퇴(推)'보다 '두드린다'는 '고(敲)'가 좋겠네."

이를 계기로 그 후 이들은 둘도 없는 시우(詩友)가 되었다고 전한다.

[주] **가도** : 당나라의 시인. 하북성 범양(河北省范陽) 사람. 자는 낭선(浪仙). 일찍이 불문(佛門)에 들어감. 법명(法名)은 무본(無本). 한유(韓愈)와의 사귐을 계기로 환속(還俗)한 후 시작(詩作)에 전념함.

破竹之勢 파죽지세

破 : 깨뜨릴 파 竹 : 대나무 죽 之 : 갈 지 勢 : 기세 세
[동의어] 영인이해(迎刃而解), 세여파죽(勢如破竹)
[출전] <晉書> '杜預專'

[풀이] 대나무를 쪼개는 기세라는 뜻으로, 맹렬한 기세나 세력이 강대하여 적대하는 자가 없음을 비유함. 또는 무인지경을 가듯 아무런 저항도 받지 않고 진군함을 나타냄.

옛 중국 위(魏)나라의 권신(權臣) 사마염(司馬炎)은 원제(元帝)를 폐한 뒤 스스로 제위에 올라 무제(武帝)라 일컫고, 국호를 진(晉)이라고 했다. 이리하여 천하는 3국 중 유일하게 남아 있는 오(吳)나라와 진나라로 나뉘어 대립하게 되었다. 이윽고 무제는 진남 대장군(鎭南大將軍) 두예(杜預)에게 출병을 명했다. 이듬해 2월에 무창(武昌)을 점령한 두예는 휘하 장수들과 오나라를 일격에 공략할 마지막 작전회의를 열었다. 이 때 한 장수가 이렇게 건의했다.

"지금 당장 오나라의 도읍을 치기는 어렵습니다. 이제 곧 잦은 봄비로 강물은 범람할 것이고, 또 언제 전염병이 발생할지 모르기 때문입니다. 일단 철군했다가 겨울에 다시 공격하는 것이 어떻겠습니까?"

찬성하는 장수들도 많았으나 두예는 단호히 말했다.

"그건 안 될 말이오. 지금 아군의 사기는 마치 '대나무를 쪼개는 기세[破竹之勢]'요. 대나무란 처음 두세 마디만 쪼개면 그 다음부터는 칼날이 닿기만 해도 저절로 쪼개지는 법인데, 어찌 이런 절호의 기회를 버린단 말이오."

두예는 곧바로 휘하의 전군을 휘몰아 오나라의 도읍 건업[建業 : 남경(南京)]으로 쇄도(殺到)하여 단숨에 공략했다. 이어 오왕(吳王) 손호(孫晧)가 항복함에 따라 마침내 진나라는 삼국 시대에 종지부를 찍고 천하를 통일했다.

[주] **두예** : 진(晉)나라 초엽의 명장이자 정치가이고 학자. <춘추(春秋)>, <고문 상서(古文尙書)>에 통달한 학자로도 유명함. 저서로는 <좌전집해(左專集解)>, <춘추석례(春秋釋例)> 등이 있음.

暴虎馮河 포호빙하

暴 : 사나울 폭·포 虎 : 범 호 馮 : 탈 빙 河 : 물 하

[동의어] 포호빙하지용(暴虎馮河之勇)

[출전] <論語> '述而篇'

[풀이] 맨손으로 범에게 덤비고 걸어서 황하를 건넌다는 뜻으로, 무모한 행동이나 죽음을 두려워하지 않는 무모한 용기를 말함.

공자의 3,000여 제자 중 특히 안회(顔回)는 학재(學才)가 뛰어나고 덕행이 높아 공자가 가장 아끼던 제자라고 한다. 그는 가난하고 불우했지만 이를 전혀 괴로워하지 않았으며, 또한 32세의 젊은 나이로 죽을 때까지 노하거나 실수한 적이 한 번도 없었다고 한다.

어느 날 이 안회에게 공자는 이렇게 말했다.

"왕후(王侯)에게 등용되어 포부를 펴고 받아들여지지 않는다면 이를 가슴 깊이 간직해 두기는 여간 어려운 일이 아니지. 하지만 그렇게 할 수 있는 이는 나와 너 두 사람 정도일 것이다."

이 때 곁에서 듣고 있던 자로(子路)가 은근히 샘이 나서 공자에게 이렇게 물었다.

"선생님, 도를 행하는 것은 그렇다 치고 만약 대군을 이끌고 전쟁에 임할 때 선생님은 누구와 함께 가시겠습니까?"

무용(武勇)에 관한 한 자신 있는 자로는 '그야 물론 너지'라는 말이 떨어지기를 기대했으나, 공자는 굳은 얼굴로 이렇게 대답했다.

"맨손으로 범에게 덤비거나 황하를 걸어서 건너는 것[暴虎馮河]과 같은 헛된 죽음을 후회하지 않을 사람과는 나는 행동을 같이하지 않을 것이다."

風聲鶴唳 풍성학려

風 : 바람 풍 聲 : 소리 성 鶴 : 학 학 唳 : 울 려
[출전] <晉書> '謝玄載記'

[풀이] 바람소리와 학의 울음소리란 뜻으로, 겁을 먹은 사람이 하찮은 일이나 작은 소리에도 몹시 놀람의 비유한 말.

동진(東晉)의 9대 효무제(孝武帝) 때인 태원(太元) 8년의 일이다. 오호십육국(五胡十六國) 중 전진(前秦)의 3대 임금인 부견(苻堅)이 백만 대군을 이끌고 쳐들어오자, 효무제는 재상 사안(謝安)의 동생인 정토대도독(征討大都督) 사석(謝石)과 조카인 전봉도독(前鋒都督) 사현(謝玄)에게 8만의 군사를 주고 나가 싸우게 했다. 우선 참모인 유로지(劉牢之)가 5,000의 군사로 적의 선봉을 격파하여 서전을 장식했다.

이 때 중군을 이끌고 비수(淝水) 강변에 진을 치고 있던 부견은 휘하 제장(諸將)에게 이렇게 명했다.

"전군을 약간 후퇴시켰다가 적이 강 한복판에 이르렀을 때 돌아서서 반격하라."

그러나 이는 부견의 오산이었다. 일단 후퇴 길에 오른 전진군(前秦軍)은 반격은커녕 멈춰 설 수도 없었다. 무사히 강을 건넌 동진군은 사정없이 전진군을 들이쳤다. 대혼란에 빠진 전진군은 서로 밟고 밟혀 죽는 군사가 들을 덮고 강을 메웠다. 겨우 목숨을 건진 군사들은 겁을 먹은 나머지 '바람소리와 학의 울음소리[風聲鶴唳]'만 들어도 동진의 추격군이 온 줄 알고 도망가기 바빴다고 한다.

涸轍鮒魚 학철부어

涸 : 물마를 학 轍 : 바퀴자국 철 鮒 : 붕어 부 魚 : 고기 어

[준말] 涸鮒, 轍鮒 [동의어] 轍鮒之急, 涸轍之鮒

[출전] <莊子> '外物篇'

[풀이] 수레바퀴 자국에 괸 물에 있는 붕어란 뜻으로, 매우 위급한 경우에 처했거나 몹시 고단하고 옹색함을 나타낸 말.

　중국 춘추전국시대, 무위자연(無爲自然)을 주장했던 장자(莊子)의 이야기이다. 그는 왕후(王侯)에게 무릎을 굽혀 안정된 생활을 하기보다는 어느 누구에게도 구속받지 않는 자유로운 생활을 즐겼다. 그러다 보니 가난한 그는 끼니조차 잇기가 어려웠다. 어느 날 장자는 굶다 못해 감하후(監河侯)를 찾아가 약간의 식대를 빌려달라고 했다. 그러자 감하후는 친구의 부탁을 딱 잘라 거절할 수가 없어 이렇게 핑계를 댔다.

　"빌려주지. 2,3일만 있으면 식읍(食邑)에서 세금이 올라오는데 그때 삼백금(三百金)쯤 융통해 줄 테니 기다리게."

　당장 배가 고파 죽을 지경인데 2, 3일 뒤에 거금(巨金) 삼백 금이 무슨 소용이 있단 말인가. 체면 불고하고 찾아온 자기 자신에게 화가 난 장자는 내뱉듯이 말했다.

"고맙군. 하지만 그땐 아무 소용없네."

그리고 이어 장자 특유의 비아냥조(調)로 이렇게 부연했다.

"내가 여기 오느라고 걷고 있는데 누가 나를 부르지 않겠나. 그래서 주위를 둘러보니 수레바퀴 자국에 괸 물에 붕어가 한 마리 있더군[涸轍鮒魚]. 왜 불렀느냐고 묻자, 붕어는 '당장 말라죽을 지경이니 물 몇 잔만 떠다가 살려 달라'는 거야. 그래서 나는 귀찮은 나머지 이렇게 말해 주었지. '그래. 나는 2, 3일 안으로 남쪽 오(吳)나라와 월(越)나라로 유세를 떠나는데 가는 길에 서강(西江)의 맑은 물을 잔뜩 길어다 줄 테니 그 때까지 기다려라'고. 그랬더니 붕어는 화가 나서 '나는 지금 물 몇 잔만 있으면 살 수 있는데 당신이 기다리라고 하니 이젠 틀렸소. 나중에 건어물전(乾魚物廛)으로 내 시체나 찾으러 오시오'라고 하더니 그만 눈을 감고 말더군. 자, 그럼 실례했네."

[주] '涸'이란 글자는 원래 '학'자인데 이 경우 '확'으로 읽어 '확철부어'라고도 함.

邯鄲之夢 한단지몽

邯 : 땅이름 한　鄲 : 땅이름 단　之 : 갈 지　夢 : 꿈 몽
[동의어] 邯鄲之枕, 邯鄲夢枕, 盧生之夢, 一炊之夢 등
[출전] 심기제(沈旣濟)의 <枕中記>

[풀이] 한단에서 꾼 꿈이라는 뜻으로, 인생의 덧없음과 영화(榮華)의 헛됨을 비유한 말.

　중국 당나라 현종(玄宗)때의 이야기이다. 도사 여옹이 한단[하북성(河北省) 내의 한 주막에서 쉬고 있는데, 행색이 초라한 젊은이가 옆에 와 앉더니 산동(山東)에서 사는 노생(盧生)이라며 신세 한탄을 하고는 졸기 시작했다. 여옹이 보따리 속에서 양쪽에 구멍이 뚫린 도자기 베개를 꺼내 주자, 노생은 그것을 베고 잠이 들었다. 노생이 꿈속에서 점점 커지는 그 베개의 구멍 속으로 들어가 보니 고래 등 같은 기와집이 있었다.

　노생은 꿈에서 명문인 그 집 딸과 결혼하고 급제한 뒤 벼슬길에 나아가 순조롭게 승진했다. 경조윤(京兆尹)을 거쳐 어사대부(御史大夫) 겸 이부시랑(吏部侍郎)에 올랐으나 재상의 투기로 단주자사(端州刺史)로 좌천되었다. 3년 후 호부상서(戶部尚書)로 조정에 복귀한 지 얼마 안 되어 마침내 재상이 되었다. 그 후 10년간 황제를 보필하여 태평성대를 이룩한 명재상으로 이름이 높았으나, 어느 날 갑자기 역적으로 몰렸다. 변방의 장군과 모반을 꾀했다는 것이다. 노생은 포박당하는 자리에서 탄식을 하며 말했다.

"내 고향 산동에서 땅이나 부쳐 먹고 살았더라면 이런 억울한 누명은 쓰지 않았을 텐데, 무엇 때문에 애써 벼슬길에 나갔는지 모르겠다. 그 옛날 누더기를 걸치고 한단의 거리를 걷던 때가 그립구나. 하지만 이제 와서 후회한들 무슨 소용이 있겠는가…."

그는 칼을 들어 자결하려 했지만, 아내와 아들이 말리는 바람에 미수에 그쳤다. 노생과 함께 잡힌 사람들은 모두 처형당했으나 그는 환관(宦官)이 힘써 준 덕분에 사형을 면하고 변방으로 유배되었다. 수년 후 원죄(冤罪)임이 밝혀지자, 황제는 노생을 연국공(燕國公)에 책봉하고 많은 은총을 내렸다. 그 후 노생은 고관이 된 아들과 손자를 거느리고 행복한 만년을 보내다가 황제의 어의(御醫)가 지켜보는 가운데 80년의 생애를 마쳤다.

그러나 노생이 깨어 보니 꿈이었다. 옆에는 여전히 여옹이 앉아 있었고, 주막집 주인이 짓고 있는 기장밥도 아직 다 되지 않았다. 노생을 바라보고 있던 여옹은 웃으며 말했다.

"인생이란 다 그런 것이라네."

노생은 여옹에게 공손히 작별 인사를 고하고 한단을 떠났다.

狐假虎威 호가호위

狐 : 여우 호 假 : 거짓 가 虎 : 범 호 威 : 위엄 위

[준말] 假虎威 [동의어] 가호위호(假虎威狐)

[출전] <戰國策> '楚策'

[풀이] 여우가 호랑이의 위세를 빌어 다른 짐승을 놀라게 한다는 뜻으로, 남의 권세를 빌어 위세를 부린다는 말.

중국 춘추전국시대 기원전 4세기 초엽의 초(楚) 나라 선왕(宣王) 때의 일이다. 어느 날 선왕은 위(魏 : 梁) 나라에서 사신으로 왔다가 그의 신하가 된 강을(江乙)에게 물었다.

"위나라를 비롯한 북방 제국이 우리나라 재상 소해휼(昭奚恤)을 두려워하고 있다는데 그게 사실이오?"

"그렇지 않습니다. 북방 제국이 어찌 일개 재상에 불과한 소해휼 따위를 두려워하겠습니까. 전하, 혹 '호가호위'란 말을 알고 계시는지요?"

"모르오"

"하오면 들어보십시오. 어느 날 호랑이한테 잡아먹히게 된 여우가 이렇게 말했나이다. '네가 나를 잡아먹으면 너는 나를 모든 짐승의 우두머리로 정하신 천제(天帝)의 명을 어기는 것이 되어 천벌을 받게

된다. 만약 내 말을 못 믿겠다면 당장 내 뒤를 따라와 봐라. 나를 보고
달아나지 않는 짐승은 단 한 마리도 없을 테니까.' 그래서 호랑이는
여우를 따라가 보았더니 과연 여우의 말대로 만나는 짐승마다
혼비백산(魂飛魄散)하여 달아나는 것이었습니다. 사실 짐승들을
달아나게 한 것은 여우 뒤에 있는 호랑이였는데도 호랑이 자신은 전혀
깨닫지 못했다고 합니다. 이런 경우도 마찬가집니다. 지금 북방 제국이
두려워하고 있는 것은 소해휼이 아니라 그 배후에 있는 초나라의
군세(軍勢), 즉 전하의 강병(强兵)이옵니다."

이처럼 강을이 소해휼을 폄(貶)한 이유는 아첨과 아부로 선왕의
영신(佞臣 : 간사하고 아첨하는 신하)이 된 강을에게 있어 왕족이자
명재상인 소해휼은 눈엣가시였기 때문이다.

浩然之氣 호연지기

浩 : 넓을 호 然 : 그럴 연 之 : 갈 지 氣 : 기운 기
[준말] 浩氣 [동의어] 정대지기(正大之氣), 정기(正氣)
[출전] <孟子> '公孫丑篇'

[풀이] 하늘과 땅 사이에 가득 찬 넓고도 큰 원기. 도의에 뿌리를 박고 공명정대하여 조금도 부끄러울 바 없는 도덕적 용기. 사물에서 해방되어 자유롭고 즐거운 마음.

중국 춘추전국시대의 철인(哲人) 맹자(孟子)에게 어느 날 제(齊) 나라 출신의 공손추(公孫丑)란 제자가 물었다.

"선생님이 제나라의 재상이 되시어 도를 행하신다면 제나라를 틀림없이 천하의 패자(霸者)로 만드실 것입니다. 그런 경우를 생각하면 선생님도 역시 마음이 움직이시겠지요?"

"나는 40 이후에는 마음이 움직이는 일이 없다."

"마음을 움직이지 않게 하는 방법은 무엇입니까?"

"그것은 한 마디로 '용(勇)'이다. 자기 마음속에 부끄러움이 없으면 아무것도 두려울 게 없고, 이것이야말로 '대용(大勇)'으로서 마음을 움직이지 않게 하는 최상의 수단이니라."

"그럼, 선생님의 부동심(不動心)과 고자(告子)의 부동심은 어떻게

다릅니까?"

고자는 바로 맹자가 말한 성선설(性善說)에 대하여 '사람의 본성은 선(善)하지도 악(惡)하지도 않다'고 논박한 맹자의 논적(論敵)이었다.

"고자는 '이해가 되지 않는 말을 애써 이해하려 해서는 안 된다'고 하지만 이는 소극적이다. 나는 말을 알고 있다[知言]는 점에서 고자보다 낫다. 게다가 '호연지기'도 기르고 있다."

'지언'이란 피사(詖辭 : 편벽된 말), 음사(淫辭 : 음탕한 말), 사사(邪辭 : 간사한 말), 둔사(遁辭 : 회피하는 말)를 간파하는 식견을 갖는 것이다. 또 '호연지기'란 요컨대 평온하고 너그러운 화기(和氣)를 말하는 것으로서, 천지간에 넘치는 지대(至大), 지강(至剛)하고 곧으며 이것을 기르면 광대무변(廣大無邊)한 천지까지 충만해진다는 원기(元氣)를 말한다. 그리고 이 기(氣)는 도와 의(義)에 합치하는 것으로서 도의(道義)가 없으면 시들고 만다. 이 '기'가 인간에게 깃들여 그 사람의 행위가 도의에 부합하여 부끄러울 바 없으면 그 누구에게도 굴하지 않는 도덕적 용기가 생기는 것이다.

胡蝶之夢 호접지몽

胡 : 턱밑살 호　蝶 : 나비 접　之 : 갈 지　夢 : 꿈 몽

[유사어] 장주지몽(莊周之夢)

[출전] <莊子> '齊物篇'

[풀이] 나비가 된 꿈이란 뜻으로, 물아일체(物我一體)의 경지나 물아의 구별을 잊음을 말함. 또는 인생의 덧없음이나 꿈을 비유한 말.

춘추전국시대의 사상가 장자[莊子 : 이름은 주(周)]는 맹자와 같은 시대의 인물로서 물(物)의 시비(是非)·선악(善惡)·진위(眞僞)·미추(美醜)·빈부(貧富)·귀천(貴賤)을 초월하여 자연 그대로 살아가는 무위자연(無爲自然)을 제창한 사람이다.

장자가 어느 날 꿈을 꾸었다. 꽃과 꽃 사이를 훨훨 날아다니는 즐거운 나비 그 자체였다. 그러나 문득 깨어 보니 자기는 분명 장주가 아닌가. 이는 대체 장주인 자기가 꿈속에서 나비가 된 것일까, 그렇지 않으면 자기는 나비이고 그 나비인 자기가 꿈속에서 장주(莊周)가 된 것일까. 꿈이 현실인가 현실이 꿈인가. 그 사이에 도대체 어떤 구별이 있는 것인가? 추구해 나가면 인생 그 자체가 하나의 꿈이 아닌가. <장자(莊子)>의 이런 우화(寓話)는 독자를 유현(幽玄 : 사물(事物)의 이치(理致) 또는 아취(雅趣)가 헤아리기 어려울 정도로 깊음)의 세계로 끌어들여 생각하게 한다.

紅一點 홍일점

紅 : 붉을 홍 一 : 한 일 點 : 점 점, 점찍을 점
[출전] <唐宋八家文> '王安石 詠石榴詩'

[뜻이] 여럿 가운데서 오직 하나 이채를 띠는 것. 많은 남자들 틈에 오직 하나뿐인 여자. 여러 하찮은 것 가운데 단 하나 우수한 것.

중국 북송시대 6대 황제인 신종(神宗) 때 왕안석(王安石)이란 재상이 있었다. 당시 신법당(新法黨)의 지도인 왕안석은 재상에 임명되자, 부국강병을 위한 이른 바 '왕안석의 개혁'을 실시했다. 처음 시작할 때에는 구양수(歐陽脩)·사마광(司馬光)·정이(程頤)·소식(蘇軾) 등 유명한 문신들이 주축이 된 구법당(舊法黨)의 맹렬한 반대에 부딪쳤으나, 신종의 적극적인 지지를 배경으로 중단 없이 실행되었다.

왕안석은 시문(詩文)에도 능하여 당송 팔대가(唐宋八大家)의 한 사람으로 꼽혔는데 그의 <영석류시(詠石榴詩)>에는 다음과 같은 구절이 있다.

많은 푸른 잎 가운데 한 송이 붉은 꽃
사람을 움직이는 봄빛 많은들 무엇하리
萬綠叢中 紅一點(만록총중 홍일점)
動人春色 不須多(동인춘색 불수다)

畵龍點睛 화룡점정

畵 : 그림 화　龍 : 용 룡　點 : 점찍을 점　睛 : 눈동자 정
[유사어] 입안(入眼)
[출전] <水衡記>

[풀이] 용을 그리는데 눈동자도 그려 넣는다는 뜻으로, 사물의 가장 중요한 부분을 완성시키거나 끝손질을 하는 것을 말함. 또는 사소한 것으로 전체가 돋보이고 활기를 띠며 살아남을 비유한 말.

중국 남북조(南北朝)시대, 남조인 양(梁)나라에 장승요(張僧繇)라는 사람이 있었다. 우군장군(右軍將軍)과 오흥태수(吳興太守)를 지냈다 하니 벼슬로도 입신(立身)한 편이지만 그는 붓 하나로 모든 사물을 실물과 똑같이 그리는 화가로 유명했다.

어느 날에 장승요는 금릉[金陵 : 남경(南京)]에 있는 안락사(安樂寺)의 주지로부터 용을 그려달라는 부탁을 받았다. 그는 절의 벽에다 검을 구름을 헤치고 이제라도 곧 하늘로 날아오를 듯한 두 마리의 용을 그렸다. 물결처럼 꿈틀대는 몸통, 갑옷의 비늘처럼 단단해 보이는 비늘, 날카롭게 뻗은 발톱까지 생동감이 넘치는 용을 보고 찬탄하지 않는 사람이 없었다.

그런데 한 가지 이상한 것은 용의 눈에 눈동자가 그려져 있지 않았다는 점이다. 사람들이 그 이유를 묻자, 장승요는 이렇게 대답했다.

"눈동자를 그려 넣으면 용은 당장 벽을 박차고 하늘로 날아가 버릴 것이오."

그러나 사람들은 그의 말을 믿으려 하지 않았다. 당장 눈동자를 그려 넣으라는 성화(星火)에 견디다 못한 장승요는 한 마리의 용에 눈동자를 그려 넣기로 했다. 그는 붓을 들어 용의 눈에 점을 하나 찍었다. 그러자 돌연 벽 속에서 번개가 번쩍이고 천둥소리가 요란하게 울려 퍼지더니 한 마리의 용이 튀어나와 비늘을 번뜩이며 하늘로 날아가 버렸다. 그러나 눈동자를 그려 넣지 않은 용은 벽에 그대로 남아 있었다고 한다.

和氏之璧 화씨지벽

和 : 화할 화　氏 : 각시 씨　之 : 갈 지　璧 : 둥근 옥 벽

[유사어] 완벽(完璧), 연성지벽(連城之璧)

[출전] <韓非子> '卞和'

[풀이] 천하명옥(天下名玉)의 이름.

　　춘추전국시대, 초(楚)나라에 변화씨(卞和氏)란 사람이 산 속에서 옥돌을 발견하자, 곧바로 여왕(厲王)에게 바쳤다. 여왕이 보석 세공인(細工人)에게 감정시켜 보니 보통 돌이라고 한다. 화가 난 여왕은 변화씨를 월형(刖刑)에 처했다. 여왕이 죽은 뒤 변화씨는 그 옥돌을 무왕(武王)에게 바쳤으나 이번에는 왼쪽 발뒤꿈치를 잘리고 말았다.

　　무왕에 이어 문왕(文王)이 즉위하자, 변화씨는 그 옥돌을 끌어안고 궁궐 문 앞에서 사흘 낮 사흘 밤을 울었다. 문왕이 그 까닭을 묻고 옥돌을 세공인에게 맡겨 갈고 닦아 본 결과 천하에 둘도 없는 명옥이 영롱한 모습을 드러냈다. 문왕은 곧 변화씨에게 많은 상을 내리고 그의 이름을 따서 이 명옥을 '화씨지벽'이라 명명했다.

　　그 후 화씨지벽은 조(趙)나라 혜문왕(惠文王)의 손에 들어갔으나 이를 탐내는 진(秦)나라 소양왕(昭襄王)이 15개의 성(城)과 교환하자는 바람에 한때 양국간에는 긴장이 조성되기도 했다. 이에 연유하여 화씨지벽은 '연성지벽(連城之璧)'이라고도 불렸다.

後生可畏 후생가외

後 : 뒤 후 生 : 날 생 可 : 옳을 가 畏 : 두려울 외

[출전] <論語> '子罕篇(자한편)'

[풀이] 젊은 후배들은 두려워할 만하다는 뜻으로, 젊은 후배들은 선인(先人)의 가르침을 배워 어떤 훌륭한 인물이 될지 모르기 때문에 두렵다는 말.

춘추전국시대의 철학자이자, 사상가인 공자는 말했다.

"젊은 후배들은 두려워할 만하다[後生可畏]. 장래에 그들이 지금의 우리를 따르지 못하리라고 어찌 알 수 있겠는가? 그러나 4, 50세가 되어도 이름이 나지 않는다면 두려워할 것 없다."